아이 머리에

LIGHTING THEIR FIRES

불을 댕겨라

LIGHTING THEIR FIRES

"변화를 위해 노력하는 모든 이들에게
그리고 바바라에게 이 책을 바칩니다."

For all who work to make a difference and for Barbara

아이 머리에

내 아이의 잠재력을
9배로 키우는 9가지 가치 수업

LIGHTING THEIR FIRES

불을 댕겨라

레이프 에스퀴스 지음 ┃ 박인균 옮김

Ć
추수밭

차례

Contents

평범함을 넘어

금요일 오후 5시, 로스앤젤레스 호바트 초등학교. 담임교사와 교직원은 대부분 교정을 떠난 지 오래다. 나도 그들처럼 이곳을 빠져나가고 싶었지만 그럴 수 없었다. 엄청난 피로감이 몰려왔다. 그 어느 때보다 긴한 주였다. 정말이지 1년처럼 길게 느껴진 시간이었다.

아직도 긴긴 밤이 저 앞에 기다리고 있어 나 자신을 추스르기로 했다. 몇 달 전 로스앤젤레스에 있는 한 학교에서 훌륭한 교사 몇 분을 만나 이야기를 나눈 적이 있었다. 그중 한 분이 야구팀 LA 다저스 단장과 친구였는데, 내가 야구를 좋아한다는 걸 알고 단장에게 전화를 걸어 입장권을 예약해 주었다. 단장은 친절하게도 그해 열리는 경기를 여러 번 관람할 수 있도록 표를 많이 구해주었고, 표는 경기당 여섯 장씩이었다. 그 덕분에 경기마다 학생 다섯 명을 데리고 갈 수 있었다. 종이에 이름을 적어 모자에 넣은 후 뽑는 방식으로 경기에 갈 사람을 정했고, 결국에는 반 아이들 모두가 경기를 볼 수 있도록 일정을 짰다. 그렇게 해서 금요일인 오늘 밤 다섯 아이가 나와 함께 태어나 처음으로 야구 경기를 보러 간다. 즐거운 밤이 되겠지만 한편으론 늦은 밤이 될 것이다.

보통 토요일 아침에는 졸업한 학생들과 함께 공부한다. 대학 입학시험을 준비하고 셰익스피어 희곡도 읽으러 졸업한 학교를 다시 찾는 열정적인 녀석들이다. 나보다 더 피곤할 법하건만, 너무도 성실한 예비 학자들은 토요일 아침 시간을 56호 교실을 다시 찾는 데 바친다. 이들은 지금 다니는 학교에서 받는 교육 이상으로 의미 있는 교육을 원하고 있다. 하지만 오늘은 전몰장병 추모일Memorial Day (우리나라 현충일에 해당하는 공

휴일로, 통상 5월의 마지막 월요일로 정하고 있다_옮긴이) 전의 금요일이라 아이들에게(그리고 나에게) 토요일 휴가를 주었다. 쓰러지기 직전이었지만 야구 경기만 끝나면 집에 가서 푹 잘 수 있다며 나 자신을 달랬다.

교실 바깥에는 비뚤어진 교문이 닫히지 않으려고 무척이나 애를 쓰는 듯 보였다. 5미터 높이의 이 출입문은 돌쩌귀로 움직이는 두 쪽짜리 문인데, 맹꽁이자물쇠와 쇠사슬로 잠글 수 있게 되어 있다. 이런 기묘한 장치가 필요하다는 것이 불행한 일이긴 하지만 학교 주변 환경이 그리 호락호락하지 않은 터라 아이들과 학교 재산을 안전하게 보호하는 게 더 중요했다. 하지만 안타깝게도 담장은 수리가 절실해 보였다. 한 해 한 해 지날수록 담장은 자동차에, 기어오르는 사람에, 비에 파손되었고, 두 개의 문짝은 열려야 할 때 열리지 않고 학교를 보호하기 위해 닫아야 할 때 닫기가 힘들어지고 있다. 그래도 담장과 교문은 어려운 여건에서도 학교를 지키려고 최선을 다하고 있다.

이에 반해 담장 안쪽 환경은 다른 세상처럼 보일 수 있다. 여느 금요일 오후와 마찬가지로 오늘도 4, 5학년 학생들은 나와 함께 56호 교실에 늦게까지 남았다. 모두가 호바트 셰익스피어 연극반의 일원으로, 셰익스피어의 《뜻대로 하세요As You Like It》를 완벽하게 무대에 올리기 위해 연습해 왔다. 작년 여름 7~8월, 이 아이들은 스스로 학교에 와서 복잡하고 난해한 희곡의 언어를 분석하고 악기를 배우며 자신들과 주변 사람들에게 희망을 가져다줄 목적으로 똘똘 뭉쳤다. 11개월간의 연습이 끝나고 아이들은 작품을 선보일 준비를 마쳤다. 모두가 멋진 공연이 되리라는 걸 알고 있었다. 바로 몇 달 전에는 '로열 셰익스피어 극단Royal Shakespeare Company'이 아이들과 하루를 보내면서 잊지 못할 공연에 눈물을 흘리고 환호를 보냈다.

금요일, 공식적으로는 오후 2시 19분에 학교가 끝났지만 우리 아이들은 자진해서 5시까지 남은 것이다. 이제 모두가 작별 인사를 나눈 뒤 가방을 메고 몰려 나가는 와중에 여섯 명이 가지 않고 남았다. 다섯은 나와 함께 야구장을 가려고 남은 것이고, 짐작하겠지만 한껏 들떠 있었다. 하지만 나머지 한 아이 샘은 그렇지 않아서 이내 걱정이 되었다.

처음 만났을 때의 샘은 선생님에게나 반 친구에게나 인기가 없었는데, 그 이유는 쉽게 알 수 있었다. 샘은 가만히 앉아 있질 못했다. 자기 차례가 아닌데도 불쑥 말을 내뱉고, 그렇게 끼어들 때조차 대화 주제와 조금이라도 관련이 있는 얘기는 거의 없었다.

게다가 이 아이는 적잖이 더러웠다. 잘 씻지도 않았고, 입고 다니는 옷은 훨씬 더 심했다. 습관이 나쁜 것은 아니었다. 다만 습관이란 게 없을 뿐이었다. 운동장에서는 윗옷을 벗어 더러운 아스팔트에 던져놓고 땀이 줄줄 흐를 정도로 뛰어다녔다. 호바트 초등학교 아이들은 물건을 바닥에 두는 법이 없다. 가방이나 옷가지를 바닥에 두면 눈 깜짝할 사이에 사라진다는 사실을 알기 때문이다. 하지만 어느 누구도 샘의 옷은 건들지 않았다. 가까이 가기조차 꺼렸다. 한참을 뛰어 논 샘은 바닥에 두었던 윗옷을 집어 얼굴을 닦고는 다시 입었다. 별로 보기 좋은 광경은 아니었다.

반 아이들도 샘과 어울리지 않았고, 교직원도 샘을 돌봐주지 않았다.

하지만 나는 샘과 천천히 우정을 쌓아갔다. 언제나 바깥에서 안을 들여다보던 이 아이는 저항이라고는 거의 없는 길을 따라 지금까지 9년을 보냈다. 그동안 어떤 활동에도 참여한 적이 없었지만, 결국 내가 제안한 방과 후 수업에 대부분 참가하기로 했다. 우리 반에서 셰익스피어 연극 연습을 하기 위해 늦게까지 남기로 결정한 마지막 학생이었다. 이른 아침에는 수학 수업을 듣고, 점심시간에는 악기 연습을 했다. 이렇게 하면서 숨은 능력을 발휘한 샘은 엄청나게 발전했다. 샘은 자신이 미국 역사에 흥미가 있다는 걸 알게 됐고, 일단 관심 분야를 발견하자 학자가 따로 없었다. 역사와 관련해서 찾을 수 있는 책이란 책은 모조리 읽어치웠고, 특히 전쟁 정치에 관심이 많았다. 열정은 삶에도 그대로 흘러들었다. 샘은 더 체계적으로 생각할 수 있게 되었고, 몸과 옷도 청결하게 하고 다녔다. 우리 반에서 11개월을 보낸 샘은 이제 56호 교실의 일원으로 완전히 녹아들었다. 정말이지 이보다 더 좋을 순 없었다.

하지만 오늘 저녁 샘은 풀이 죽어 있었다. 야구를 좋아해서 누구보다 간절히 경기를 보고 싶어 했지만 그럴 수 없었다. 나중에 다른 경기를 보러 간다는 것은 알지만 오늘 경기를 보지 못한다는 사실에 슬퍼했다. 야구장에서 저녁을 보낸다는 것은 집에 있는 것보다 분명 더 멋진 일이었다.

샘은 5시 30분쯤에 엄마가 자신을 데리러 오기로 했다며 내게 교실에 남아도 되는지 물었다. 그래도 된다고 말하고 싶었지만, 나는 퇴근한 후에도 아이들이 늦게까지 56호 교실에 남아 공부하게 했다는 이유로 주임 선생님에게 몇 차례 질책을 받은 터였다. 교직원들도 우리 반 아이들이 나쁜 짓은 하지 않으리라 믿지만 책임 문제를 걱정하며 더 이상 방과후 수업은 하지 말라고 했다. 샘은 엄마가 버스를 타고 오신다면서 교실 근처에 있는 운동장 벤치에 앉아 기다리겠다고 말했다. 태양이 빛나고 있었다. 불량한 아이들이 농구 코트를 차지하고 있었지만, 앞으로 최소한 두 시간은 더 해가 떠 있을 것이다. 이제 막 꽃봉오리를 틔운 우리의 역사학자 샘은 괜찮을 것이라고 나는 확신할 수 있었다.

금요일 오후 5시에도 이런 문제들이 이미 초과 근무를 하는 교사들을 가로막는다. 샘의 문제가 해결되고 나니 이제 곧 있을 야구 경기에 관심을 돌릴 수 있었다.

몇 분 후 다섯 명의 5학년 행운아들이 내 차에 올라탔다. 예전에 가르쳤던 학생들이 '오프라 모바일'이라는 이름을 붙인 차다. 오프라가 큰 친절을 베풀어 몇 년 전 우리 반에 선물로 준 것인데, 그녀의 호의는 두고두고 잊지 못할 것이다. 아이들은 좋아서 어쩔 줄을 몰랐다. 난생 처음 야구 경기를 보러 가는 데다 만반의 준비도 갖추었다. 학교 운동장에서 매일 야구를 했고, 10월에는 월드시리즈를 보면서 점수를 계산하는 법도 배웠다. 봄방학 저녁 시간에는 켄 번스Ken Burns(미국의 유명한 다큐멘터리 제작자_옮긴이)의 야구 다큐멘터리를 시청했다. 이제 1년의 준비를 마치고 그토록 좋아하는 야구를, 프로 선수들이 경기하는 모습을 보러 간다. 게다가 다저스 구단이 경기 전에 사무실로 초대하는 호의까지 베풀어 아이들에게는 야구라는 비즈니스를 배울 기회까지 마련되었다.

그뿐이 아니었다. 아이들은 관중석에 자리를 잡기 전에 직접 필드에 내려가 배팅 연습을 지켜볼 예정이었다.

다저스 본부에 도착하니 보안요원이 입장이 확인될 때까지 기다리라고 말했다. 우리는 곧 미리 약속을 잡아둔 투어 가이드를 만났다. 굉장히 예의 바른 여성이었지만 피곤한 기색이 역력했다. 아마 수년 동안 아이들에게 경기장을 안내했을 것이다. 금요일 저녁 이 일만큼은 정말 피하고 싶다는 마음이 그녀의 눈에 그대로 드러났다. 그녀는 자신을 정중하게 소개했다. 하지만 다저스의 역사를 들려주면서 느꼈을 열정에 찬물을 끼얹을 정도로 야구 따위엔 무관심하고 제멋대로인 아이들은 이미 만나볼 만큼 만났다는 눈치였다.

그런데 그때 그야말로 멋진 광경이 벌어졌다. 바로 이런 순간이 내가 살아가는 이유이며, 부모이자 교사로서 행복을 느끼는 이유다.

"자, 시작해 볼까요"라는 가이드의 말과 함께 우리는 다저스의 지휘 본부로 들어갔다. 그녀를 따라 기다란 복도를 걸어가면서 몇몇 사무실을 지나쳤는데, 아이들이 복도에서 뭔가를 보고는 잠깐 멈춰 섰다. 벽에 할리우드 황금기의 유명한 영화배우 사진이 걸려 있었는데, 마침 그가 다저스의 열혈 팬이었던 것이다. 40년은 족히 된 듯했지만 사진 속의 그는 다저스 구장 관중석에 앉아 열심히 팀을 응원하고 있었다.

"저것 봐!" 세자르가 소리쳤다. "헨리 폰다 Henry Fonda 야."

아이들도 이미 누군지 알아봤지만, 이 특별한 무리의 리더인 세자르는 아이들의 머릿속에 있던 생각을 입 밖으로 내주었다.

"너희들이 헨리 폰다를 안다고?"

초등학교 5학년 학생들이 25년 전에 죽은 배우를 안다는 사실에 충격을 받은 듯 가이드가 물었다. 순식간에 피곤했던 기색이 말끔히 사라진 듯 보였다. 그녀는 진심으로 놀라면서 궁금해 했다.

"그럼요. 헨리 폰다요, 1957년 시드니 루멧Sidney Lumet이 감독한 〈12인의 성난 사람들12 Angry Men〉이라는 멋진 영화에도 나왔어요. 하지만 저는 〈분노의 포도The Grapes of Wrath〉에 나왔을 때가 훨씬 좋았어요. 존 포드John Ford 감독이 스타인벡John Steinbeck의 소설을 영화로 멋지게 옮긴 것 같아요. 〈분노의 포도〉 재밌게 보셨어요? 우린 작년에 포드 극장Ford's Theatre (워싱턴 D.C.에 있는 이 극장은 링컨 대통령이 암살된 장소로 유명하며, 지금도 연극, 뮤지컬 등이 공연되고 있다_옮긴이)에서 뮤지컬로도 봤어요."

세자르의 말에 사무실 여기저기서 사람들이 머리를 빼꼼히 내밀었다. 아무 말도 없었지만 그때부터 우리의 안내원은 완전히 다른 사람이 되어 흥미로운 질문들을 던졌다. 10여 분 정도 걸릴 거라던 견학은 한 시간을 넘겼다. 아이들이 고마움을 표시하고 경기 시작 전에 핫도그를 사러 자리를 뜨자, 기분은 좋지만 그래도 어리둥절한 가이드가 나를 한쪽으로 끌어당겼다.

"정말 뭐라고 얘기해야 할지 모르겠어요."

그녀는 더듬거리며 말을 이었다.

"지금껏 데리고 안내했던 아이들과는 너무 달라요. 자신감이 넘치면서도 아주 귀여워요. 너무 예쁘고 정말이지 빛이 나요."

적절한 형용사를 찾으려는 듯 잠시 말을 멈추더니, 내게 이렇게 속삭였다.

"특출하다고 할까요."

이런 소릴 자주 듣는 나는 행운아다. 이 책에서 얘기하려는 바도 다르지 않다. 공항, 셰익스피어 축제장, 호텔 로비 등 어디에서든 사람들은 걸음을 멈추고 우리를 한참 바라본 후 말을 건넨다. 그 칭찬은 비단 "아이들이 정말 말을 잘 듣네요"에 그치지 않는다. 우리 아이들은 남다르다. 남들과 다르게 행동하지 못하도록 억누르는 데 온갖 노력을 기울이는 오늘날의 사회에서는 그 무엇보다 주목할 만한 특징이다.

그러나 비밀은 다른 데 있다. 이 아이들이 날 때부터 특출했던 건 아니다. 그렇게 '만들어진' 것이다. 이것이 바로 이 책의 주제이기도 하다. 이 멋진 아이들이 처음부터 빛을 내거나 헨리 폰다를 알고 있었던 건 아니다. 분수를 이해하지 못했던 때도, 셰익스피어가 그저 세상을 떠난 재미없는 백인에 지나지 않았던 때도 있었다. 하지만 훌륭한 교사들에 의해 이런 개념과 이상에 지속적으로 노출되었고, 이것들이 자녀 양육에 얼마나 중요한지를 이해하는 부모들에 의해 보완되었다.

아이들은 각기 다른 수준의 능력과 지능을 가지고 태어나지만, 타고난 능력과 기술이 있다고 성공이 보장되는 것은 아니다. 그 이상의 것이 필요하다. 부모와 교사가 이런 자질을 계발해 타고난 재능을 특출한 결과로 바꾸는 데 필요한 동기와 기질을 아이에게 심어주어야 한다. 다저스 구장을 찾은 이 아이들이 안내원을 기쁘게 하는 빛나는 보석이 아니라 아직 다듬어지지 않은 원석이었던 때도 있었다. 그런 아이들이 시간이 흐르면서 이해심이 많고 현명한 어른들 덕분에 다듬어진 것이다. 무엇보다 반가운 소식은, 인내심을 가지고 이끌어준다면 여러분의 자녀도 얼마든지 빛나는 존재가 될 수 있다는 것이다. 아이와 함께 이 여행을 가려면 많은 희생과 노력과 준비가 필요하다. 결코 쉬운 여행이 아닌 탓에 많은 부모와 자녀가 결국에는 여행을 포기한다. 하지만 로버트 프로스트Robert Frost의 교훈처럼 사람들이 덜 가는 길을 갈수록 그 결과는 많이 달라진다.

로마에 가면 이탈리아 사람들은 교통신호가 하나의 제안 사항일 뿐이라고 충고한다. '제안 사항'이라는 것, 이 점을 이해해야 한다. 나는 교직에 몸담은 지 30년이 넘었고, 나의 자녀들이 크는 모습도 지켜봤다. 그러면서 깨달은 사실이 하나 있다. 아이를 바르게 키우는 방법이 하나만 있는 것은 아니라는 점이다. 사람마다 다양한 방법이 있을 수 있고, 그 대부분이 옳고 흥미로운 방법이다. 또한 금요일 저녁 지칠 대로 지친 몸을 이끌고 아이들과 함께 외출하는 이유를 이해하게 됐다. 나는 아이들이 특별해질 수 있도록 돕고 싶다. 겨우 하루 저녁 야구 경기를 보는 것이지만 그 순간이 아이들에게는 특별해지는 기회가 될 수도 있다는 걸 깨달았다. 아이들은 전혀 기대하지 않았던 상황에서 놀랄 만한 것들을 배울 수 있다. 우리의 도움과 인내가 있다면 지금 바로 옆에 앉아서 야구 경기를 보고 있는 아이가 훗날 획기적인 암 치료법을 개발하거나 위대한 소설을 써낼지도 모른다. 그리고 우리가 기대하는 이런 성과를 아이가 이룰 수 있게 하려면 우리 어른이 적극적으로 밟아야 할 단계가 있다.

하늘의 축복처럼 나를 거쳐 간 수많은 아이들을 생각하면서 걱정스러운 것이 하나 있다. 마약이나 폭력 얘기가 아니다. 우리 아이들이 자신이 지닌 엄청난 재능을 다 발휘하지 못하고 '평범하게' 살까 봐 두렵다. 나는 아이들이 평범하게 살길 원하지 않는다. 그보다 훨씬 많은 능력이 있다는 걸 알기 때문이다. 그러니 지금부터 갈고 닦아야 한다.

이제 경기를 시작하자.

First Inning

1회 시간을 존중하는 아이는 특별하다

시간 개념

진정 아이가 시간을 잘 사용한다는 것은 무엇을 의미할까?
대부분의 교사와 학부모는 학생이 과제를 빠뜨리지 않고 제시간에 마치는지 여부로
이를 평가하려고 한다. 그러나 사실 이런 교육은 아이가 시간을 배우는 데는
아무런 도움이 되지 않는다. 아이들은 시간을 바르게 활용할 줄 아는 사람이
인생에서 큰일을 할 수 있다는 것을 깨달아야 한다.

처음 던진 공은 스트라이크였다. 경기가 드디어 시작되었다. 아이들은 공이 포수 글러브에 들어가 부딪히는 소리에 열광했다. 한눈에 들어오는 야구장의 모습에도 감탄을 감추지 못했다. 흔히 이런 경기장에서 아이들은 어른들 뒤에 앉게 되는데, 그럴 때는 이리저리 몸을 비틀어야만 어른들 틈새로 간신히 경기를 볼 수 있다. 하지만 오늘 밤만큼은 그런 문제가 없었다. 아름다운 금요일 저녁, 최다 관객을 종종 끌어모으는 구장에서 열리는 경기인데도 바로 앞 세 줄이 완전히 비어 있었기 때문이다.

"사람들이 별로 없네요?"

오스틴이 내게 물었다. 1962년부터 다저스 구장에서 경기를 관람해 온 나는 빈자리도 결국에는 다 찬다는 사실을 알고 있었다. 표를 구매한 사람들이 늦을 뿐이었다. 하지만 이것은 아이를 키우면서 너무 자주 간과하는 중요한 개념을 강조해 주는 대목이다. 우리 아이들은 '시간'이라는 개념을 이해해야 한다. 그래야 시간을 지킨다는 것이 얼마나 중요한지를 알 수 있다.

일반적으로 성적표에는 교사가 학생의 '시간 활용 능력'을 바탕으로 매긴 점수가 나온다. 하지만 진정 시간을 잘 사용한다는 의미는 무엇일까? 대개의 경우 그것은 학생이 과제를 빠뜨리지 않고 제시간에 제출하는지를 평가하는 것에 지나지 않는다. 이 점수는 시간의 관련성을 배우는 데는 아무런 도움이 되지 않는다.

아이에게 시간이라는 개념과 그 중요성에 대해 막연한 생각을 갖게 할 필요가 있느냐고 반문하는 사람이 있을지도 모르겠다. 하지만 그런 태도는 아이에게 좋은 생활 습관을 키워주는 데 치명적일 수 있다. 아이들은 시간을 바르게 활용할 줄 아는 사람이 인생에서 큰일을 할 수 있다는 것을 깨달아야 한다.

원정팀 세인트루이스 카디널스가 1회 초부터 재빠르게 공격을 펼치는 바람에 오스틴의 질문에 답을 줄 기회가 마땅히 생기지 않았다. 그래서 공수가 교대하는 휴식 시간을 틈타 대답했다.

레이프: 사람들은 곧 올 거란다. 경기에 늦을 뿐이야. 이런 일이 많지.
　　　　다저스 팬은 경기에 늦는 것으로 악명이 높단다.

오스틴: 그럼 경기를 못 보고 놓치잖아요.

레이프: 그렇지.

세자르: 무슨 일이 있었는지도 모를 텐데요.

레이프: 아마 점수를 보겠지.

세자르: 그래도 진짜 어떤 일이 있었는지는 제대로 모르잖아요. 점수만
　　　　으로 다 알 수 없는 거 아니에요?

레이프: 네 말이 맞다, 세자르. 그래서 우린 제시간에 온 거지.

제시카: 선수들에게도 실례예요.

아이들은 시간을 정확히 지키는 것이 무엇보다 중요하다는 점을 배워야 한다. 그것도 삶의 한 가지 방식이다. 살다 보면 온갖 종류의 마감에 직면하게 된다. 학교에 숙제를 내든, 학자금 신청서를 제출하든 제시간을 지키는 게 중요하다. 시간을 지키려면 계획이 필요하다. 야구 경기를 관람하러 가기 전, 아이들과 나는 몇 시에 학교를 출발할지 상의했다. 로스앤젤레스의 심각한 교통 체증을 감안해야 했다. 금요일 저녁이라면 더더욱 그랬다. 차에 올라탄 아이들과 나는 경기장까지 5킬로미터 남았다는 내비게이션의 안내에 웃음을 터뜨렸다. 6분이면 도착할 거리였던 것이다.

앞에서 경기 티켓 제공과 함께 오후 5시 45분에 구장을 둘러볼 기회를 준 다저스 구단 관계자의 친절에 대해 이야기했었다. 우리가 늦는다면 이런 기회를 주려고 애쓴 모든 사람에게 무례를 범하는 일이 될 것이다. 또 처음에 다저스에 연락해 저녁 경기를 관람할 수 있도록 마련해 준 친절한 선생님에게도 무례한 행동이 될 것이다. 시간을 지킨다는 것은 다른 사람에게 감사하는 마음을 반영하는 것인데, 이를 무시하는 사람들이 너무 많다.

물론 모두가 이를 이해하는 건 아니다. 우리는 매년 56호 교실에서 셰익스피어 연극을 공연할 때 전문 극장처럼 진행한다. 공연에 늦은 사람은 중간 휴식 시간까지 기다렸다가 자리에 앉아야 한다. 사람들이 공연에 늦으면 제시간에 온 사람에게 방해가 된다고 가르쳤다. 자리를 찾느라고 시야를 가리면서 앞을 지나가는 사람들 때문에 방해를 받는 건 썩 유쾌한 일이 아니다. 우리 규칙에 매우 화를 내는 손님이 있는가 하면, 반 학생들에게 소리를 지르고 불쾌한 편지를 보내는 이도 있었다. 아이들이 이런 경험을 하는 것도 좋은 일이다. 다른 사람의 행동을 관찰하면서 배울 수 있기 때문이다. 군이 아이들을 데려다 옆에 앉혀 놓고 "방금 자신만의 가치 체계를 세울 때 고려해야 할 게 뭔지 봤지?"라고 말할 필요가 없다.

학생들은 약속에 늦는 것과 평상시 몰지각한 행동을 하는 것 사이에 직접적으로 관련이 있다는 사실을 눈앞에서 목격했다. 또 학급회의 시간이나 공연 중에 휴대전화를 꺼두지 않는 사람이 대부분 늦게 도착하는 경우가 많다는 점도 지적해 냈다. 아이들은 시간을 무시하는 사람이 평소 생활에서도 상식에 어긋나는 행동을 보인다는 것을 경험을 통해 배운다.

아이들과 비행기로 여행할 때도 이런 교훈을 쉽게 얻을 수 있다. 길게 줄을 서서 보안검색대를 통과해야 하고 연착이 밥 먹듯 반복되는 요즘 비행기 여행은 아무도 좋아하지 않는다. 그래도 학생들과 금속 탐지기를 통과하려고 기다리고 있을 때면 여지없이 자신이 탈 비행기가 15분 후에 떠난다며 공항 직원에게 소리를 지르는 장면이 연출되는 건 참으로 놀랍다. 시간을 지키는 것이 얼마나 중요한지를 배운 아이들은 조금만 더 일찍 공항에 도착했더라면 그런 상황을 피할 수 있었다는 걸 잘 안다.

나이가 어린 학생들도 이런 광경을 보면서 타산지석의 교훈으로 삼을 수 있다. 시간에 늦어 화가 난 사람들은 그 잘못을 아무 상관없는 사람들에게 돌리는 경향이 있다. 시간을 지킨다는 건 자기 운명은 자기가 결정하고 자기 행동은 자기가 책임질 수 있다는 믿음을 반영한다.

다른 사람이 시간을 지키리라 기대한다는 점을 아이에게 가르쳐야 한다. 사람들은 약속에 늦으면 화를 낸다. 의사가 수술에 늦는다면 누구나 분노할 것이다. 책임감이 있다는 것은 그만큼 시간을 엄수한다는 것을 뜻하고, 이런 과정은 어렸을 때 몸에 익혀야 한다.

아이에게 시간 개념을 왜 가르쳐야 할까?

시간을 지킨다는 건 자기 운명은 자기가 결정하고 자기 행동은 자기가 책임질 수 있다는 것을 뜻한다. 아이들은 시간을 바르게 활용할 줄 아는 사람이 인생에서 큰일을 할 수 있다는 것을 깨달 아야 한다.

　몇 년 전에 세상을 떠난 코미디언 조지 칼린George Carlin은 사커 맘Soccer Mom(도시 교외에 살고, 학교에 다니는 아이가 있는 전형적인 중산층 백인 어머니_옮긴이)이 자녀를 과대평가한다며 조롱한 적이 있는데, 많은 사람들이 박수를 치며 동조했다. 숙제를 많이 내주는 게 다가 아니라고 믿는 사람처럼 나 역시 아이들에게도 아무것도 하지 않으면서 보낼 시간이 필요하다고 생각한다. 진흙에 뒹굴고 놀면서 하늘의 구름을 바라보는 시간도 있어야 하기 때문이다. 특히 요즘처럼 어느 때보다 빠른 속도로 정보가 제공되는 시대에는 주어지는 정보를 처리할 시간이 필요하다.

　그러나 여기에는 문제가 있다. 많은 아이들이 알아서 시간을 보내라고 내버려두면 경험과 능력이 부족한 탓에 형편없는 선택을 하기 일쑤다. 아이를 몇 시간씩 방치하면 텔레비전이나 컴퓨터 화면이 무서울 정도로 위험한 적이 되어 소중한 시간을 갉아먹을 수 있다. 핵심은 아이에게 지나친 부담을 주지 않으면서 부모나 교사가 곁에 있을 때나 없을 때나 바르게 행동할 수 있게 해주는 행복한 수단을 찾는 것이다.

　지금부터 내가 금요일 오후 학생들과 같이하는 간단한 활동을 하나 소개하겠다. 아이들과 나는 함께 앉아 어떻게 주말을 보낼지 의논한다. 우리 아이들은 J.R.R. 톨킨John Ronald Reuel Tolkien의 《반지의 제왕The Lord of the Rings》 광팬이라 주말이 시작되기 전 마법사 간달프의 슬기로운 충고를 기억한다.

　"그대는 주어진 시간에 무슨 일을 할지 결정만 하면 된다."

　가정에서는 종이를 이용할 수 있는데, 나는 학생들이 모두 볼 수 있도록 보드를 이용한다.

오후 5시: 금요일, 학교 수업 종료

오전 6시 30분: 다음 주 월요일 수학 수업 때 다시 등교

활용할 수 있는 시간 = 61.5시간

수면: 하루 9시간씩 3일 = 27시간

이렇게 잠자는 시간을 빼면 주말에 유용하게 쓸 수 있는 시간 또는 헛되게 버릴 수 있는 시간이 34.5시간으로 계산된다. 이 중에서 6시간 정도는 밥을 먹고 집을 청소하는 등의 일상적인 일을 하는 데 보낸다. 그러면 28.5시간이 남는다.

그런 다음 아이들에게 친척을 방문하거나 교회에 가는 등 가족과 함께하는 일에 필요한 시간을 계산하게 한다. 아무리 계획을 꼼꼼히 짜도 이 같은 주말 행사는 많아 봐야 10시간이 넘지 않는다. 그 말은 아직도 18시간 이상이 남는다는 얘기다.

나는 아이들에게 다음과 같은 정보를 생각해 보게 한다. 술래잡기를 하거나, 영화를 보거나, 자전거를 타거나, 누가 누구를 좋아하는지 이야기하거나, 공원에서 낮잠을 자거나, 곤충의 노랫소리를 듣는 등 그저 빈둥거리며 13시간을 보내더라도 아직 5시간은 책을 읽거나 공부하는 데 쓸 수 있다는 점을 일깨우는 것이다.

이 5시간 동안 다가오는 주를 생각하고 숙제를 미리 시작하며 《나니아 연대기The Chronicles of Nania》를 읽을 수 있다. 물론 숙제라서가 아니라 좋아서 해야 하지만 말이다. 또는 그 시간에 도움이 필요한 이웃을 도울 수도 있다. 아이가 어떤 선택을 하든지 방향을 잘 잡아준다면 시간의 중요성을 깨닫게 할 수 있다. 일분일초까지 계획하라는 얘기가 아니다. 어른이 잘 이끌기만 해도 아이는 주말 시간을 확실히 파악할 수 있고 12시간 동안 소파에 앉아 텔레비전을 보다가 아침에 일어나 낭비한 시간을 후회하는 일을 피할 수 있다.

교사는 효과적인 시간 관리의 모델이 될 수 있다. 교실 안에서 모든 일이 이루어지는 초등학교에서는 교사에 따라 하루를 효율적으로 활용할 수도 있고, 반대로 낭비할 수도 있다. 예를 들어 오전을 독서와 수학 수업으로 구성한 경우, 읽기 자료를 치우고 수학 수업을 준비하는 데 얼마나 걸리는지 내기를 하면 재미있다. 물론 얼마나 빨리 책을 집어넣고 꺼내는지를 측정하라는 얘기가 아니다. 하지만 다음 수업을 준비하는 데 시간을 낭비하는 교실이 너무 많다. 충격적인 사실을 하나 알려주겠다. 그저 다음 수업을 준비하는 것만으로도 1년에 수백 시간을 허비할 수 있다. 이렇게 값진 시간은 잘 활용하기만 하면 위대한 문학 작품을 읽거나 수학 문제를 푸는 데 쓸 수 있다. 학생 중 절반 이상이 기본적인 국어, 수학 시험도 통과하지 못하는 많은 도시 초등학교에서 낭비할 시간이 없다는 것은 분명하다.

고등학교 교사의 경우 상황이 더 힘들다. 시간마다 학생들이 교실을 들락거리기 때문에 52분 수업에 실제로 수업하는 시간은 49분뿐이다. 이렇게 낭비한 3분을 한 달 동안 모으면 매달 한 시간의 학습 시간으로 활용할 수 있다. 훌륭한 고등학교 교사라면 학생들과 보낼 수 있는 일분 일초를 중요하게 여기고 처음부터 적극적으로 활용해야 한다.

시간을 지키지 않아 놓치게 되는 것들

1회 초 카디널스는 득점하지 못했다. 거대한 전광판이 시끄러운 음악을 울려대면서 화려한 최신 할리우드 광고로 관중의 넋을 빼고 있지만, 우리 아이들은 1회 초 경기 내용을 정리하고 있었다. 종이에 표를 그리

시간을 새롭게 만나는 첫 번째 방법

- 학부모는 아이와 함께 주말에 활용 가능한 시간이 몇 시간이 되는지 가늠해 보고, 어떻게 보낼지 의논한다.

- 교사는 전 수업 자료를 치우고 다음 수업 자료를 준비하는 데 얼마나 시간이 걸리는지 내기를 해본다.

고 점수, 안타, 실책, 잔루를 기록했다.

늦게 도착한 어느 관람객이 우리가 앉은 통로를 지나갔다. 그는 우리보다 몇 줄 앞에 앉았는데, 아직도 자리가 많이 비었기 때문에 가는 길에 우리 옆에 서서 진욱을 쿡쿡 찔렀다.

늦은 관람객: 뭐 큰 볼거리라도 있었니?
진욱: 많이요(이 어린 교수는 항상 솔직하다).
늦은 관람객: 점수가 얼만데?
진욱: 0 대 0이요. 다저스가 공격할 차례예요.
늦은 관람객: 그럼 별 볼거리는 없었겠네.

남자는 안심하고 기쁘게 자리로 갔다.

우리가 너무 결과만 중시하는 사회에 사는 게 아닌가 싶다. 비범한 아이들은 자라면서 과정이 제일 중요하다는 것을 이해하게 된다. 시험에서 A를 받는 것도 좋지만 A라는 점수를 받기까지 공부하고 배우는 방법을 생각하는 것이 훨씬 좋다. 연주나 공연을 마치고 관객에게 우레와 같은 박수를 받는 것도 흥분되는 일이지만, 특출한 아이들은 연습하면서 보낸 수천 시간이 공연 자체보다 더 의미 있고 기쁘다는 것을 안다.

이 아이들은 그저 제시간에 도착한 것만으로도 경기장에서 벌어지는 일을 훨씬 더 많이 이해할 수 있는 기회를 가진 것이다. 늦게 온 사람들은 비록 득점하는 장면을 놓치지는 않았지만 점수 자체만으로는 경기 내용을 깊이 있게 알 수 없다. 다저스 투수는 1회 초에 던진 공으로 그날 밤 자신의 투구를 계획했고, 카디널스 투수 역시 그랬다. 아이들은 카디널스 타자들이 초구부터 적극적으로 방망이를 휘두르는지, 아니면 좀 더 확실한 기회를 노리기 위해 볼카운트를 길게 끌고 가는지 파악했다. 두 팀 감독 모두 다양한 재능을 가진 많은 선수들 중에서 팀에 유리하고 경기를 승리로 이끌 가능성이 높은 선수를 뽑았을 것이다. 뛰어난 선수라도 전략과 맞지 않는 선수라면 뽑지 않고 넘어갔을 것이다. 이렇듯 제시간에 도착하면 아이들이 경기를 이해하는 데 더 큰 도움을 줄 수 있다.

좋다는 교육법도 제대로 따라야

구로사와 아키라黑澤明의 영화 〈7인의 사무라이七人の侍〉를 훌륭하게 리메이크한 존 스터지스John Sturges의 〈황야의 7인The Magnificent Seven〉에는 '해리 럭'이라는 총잡이가 사면초가에 몰린 멕시코 농부들을 도와 극악무도한 폭도를 물리치면 그 대가로 엄청난 양의 금을 받을 것이라고 믿는 장면이 나온다. 하지만 실상은 전혀 그렇지 않다. 브래드 덱스터Brad Dexter가 연기한 해리는 율 브리너Yul Brynner가 연기한 크리스가 이 무지개를 따라가도 금단지 같은 것은 없다고 경고하는데도 듣지 않는다.

늘 듣고 싶은 것만 듣는 사람들이 있다. 자신이 들었다고 생각하는 이야기가 원래 의미와는 조금도 비슷하지 않는데도 말이다. 이것을 '로스트 인 트랜스레이션 신드롬Lost-in-Translation Syndrome'이라고 한다. 많은 학교가 56호 교실 학생들이 열심히 공부한다는 소식을 듣고 똑같은 교실을 만들려다가 찰스 디킨스Charles Dickens의 소설에 나오는 노역장 같은 교실로 만들어버리고 있다. 56호 교실에는 웃음과 기쁨도 가득하다. 이것이 중요하다. 그래도 좋은 의도를 가진 일부 교사는 학생들에게 올리버 트위스트의 미스터 범블 같은 존재가 되어준다.

다저스가 공격을 시작할 즈음, 천국은 하루 24시간 야구 경기로 이루어졌다고 믿는 세자르는 화가 났다. 관중들이 이 멋진 선수들을 볼 수 있는 기회를 얻고도 그 기회를 즐기거나 감사해 하지 않았기 때문이다. '카르페 디엠Carpe Diem(기회를 잡아라)'을 인생 모토로 외치는 어린 학생에게, 사람들이 야구의 좋은 점은 고사하고 팀 이름도 모른 채 경기를 관람한다는 것이 도무지 이해가 되지 않았다. 훌륭하긴 하지만 아직은 어린 열 살짜리 꼬마에겐 말이다.

한 가지 확실하게 짚고 넘어갈 것이 있다. 힘든 하루 일과를 마치고 스트레스를 풀 겸 맥주를 들고 야구장을 찾는 것이 잘못된 일은 아니다. 모두가 경기를 똑바로 지켜보고 선수들의 기록을 신경 써야 할 의무는 없다. 그건 각자의 선택이다.

하지만 내가 할 일은 어린 학생들이 겉모습의 이면을 바라보고 주변 세상을 더 깊이 이해할 수 있는 방식으로 시간을 이용할 수 있게 도와주는 것이다. 이것은 아이들을 키우는 한 가지 방법이지만 유일한 방법은 아니다. 그렇지만 재미가 없는 것도 아니다. 아이들은 현명하게 시간을 쓰면서도 충분히 즐거울 수 있다. 현명한 시간 활용과 재미라는 두 가지 개념이 반드시 서로 대치되어야 할 필요는 없다. 우리 주변에는 카메라 앞에서 과장된 표정을 지으며 소리를 지르거나 음식을 던지는 행동을 '재미'라고 말하는 사람들이 많다. 아니, 많은 사람들이 그럴 것이다. 그런 게 재미의 정의라면 달리 할 말은 없다. 하지만 아이들에게 뭔가를 더 원하는 부모라면 다른 사전을 써야 할 것이다.

아이들은 시간을 지키는 법을 배워야 하지만, 이 메시지는 그저 시작에 불과하다. 기본 개념만 잡아주면 메시지는 끊임없이 확대된다. 첫 번째 수업은 항상 시간을 지키는 법에 관한 것이어야 한다. 물론 이 말의 중요성에 동감하지 않거나 약속에 늦는 것을 그냥 웃어넘기는 사람들이 많을 것이다. 그러나 아이를 가르칠 때는 언제나 시간 엄수를 출발점으로 삼아야 한다. 아이는 시간을 지키는 법을 배우면서 지리적·역사적 맥락에서 시간이라는 개념이 어떤 기능을 하는지 알 수 있는 기회도 얻게 된다.

1회 말 원아웃이다. 하늘이 잿빛으로 물들자 경기장에 불이 환하게 들어온다. 예림은 주자의 동태에서부터 점수, 볼카운트, 구속이 표시되는 전광판까지 살피느라 연신 고개를 뺐다 넣었다 한다. 그러다가 외야 벽에 온갖 도시 이름과 숫자가 적힌 것을 보더니 혼란스러워했다. 숫자가 10여 개가 넘는 데다 그 숫자들이 끊임없이 바뀌는 통에 의미를 더욱 알 수가 없었다.

예 림: 외야 벽에 있는 저 숫자들은 뭐예요?

레이프: 아, 저건 오늘 밤 전국에서 벌어지고 있는 모든 경기의 점수란다.

예 림: 왼쪽 칸과 오른쪽 칸의 숫자는 왜 달라요?

레이프: 저쪽에 있는 점수는 내셔널리그 팀이고, 반대쪽 점수는 아메리
        칸리그 팀이거든. 야구에는 여러 리그가 있다고 배운 거 기억나
        지? 점수를 리그로 나누어 보여주기 때문에 오늘 저녁 내내 점
        수가 바뀔 때마다 숫자도 바뀌는 거지. 이해되니?

예 림: 아니요.

레이프: 당연히 잘 이해가 안 될 거야. 하지만 어렵지 않아, 요요(이 귀여
운 꼬마 가수에게 내가 붙여준 애칭이다). 레드삭스가 4 대 2로 이
기고 있고, 다이아몬드백스랑 자이언츠는 0 대 0인 거 보이지?
어떤 게 이해가 안 되니?

예　림: 점수는 알겠어요. 그런데 왜 레드삭스가 자이언츠보다 숫자가
더 많아요?

레이프: 레드삭스는 8회 경기 중이고 자이언츠는 이제 막 경기를 시작
했기 때문이란다.

아하! 시간에 대해 배우는 과정에서 아이에게 매우 중요한 점을 가르
칠 수 있는 문이 방금 열렸다. 바로 시간은 상대적이라는 사실이다. 예
림은 다른 시간대의 지역에 가본 적이 있어서 시간이 상대적이라는 것
은 알고 있었다. 예를 들어 워싱턴 D.C.가 로스앤젤레스보다 세 시간 빠
르다는 사실 말이다. 하지만 이 총명한 꼬마 아가씨는 아직 이 개념을
완전히 자기 것으로 만들진 못했다. 여전히 이 세상 모든 일이 동시에
일어난다고 생각하고 있어서 동부 연안에서 벌어지는 경기가 샌프란시
스코에서 펼쳐지고 있는 자이언츠 경기보다 몇 시간 먼저 시작되었다
는 걸 깨닫지 못했다. 이런 상대성을 이해하고 나자 예림은 그날 밤 내
내 전광판을 보는 데 푹 빠졌다. 캔자스시티 로열스가 뉴욕 양키스와 다
른 시간에 똑같은 경기를 하고 있다는 사실과 두 팀의 선수들은 다저스
와 카디널스가 다저스 구장에서 싸움을 계속하는 동안에는 아마 잠을
자고 있을 것이라는 사실을 굉장히 신기해 했다. 시간에 관심을 가진 예
림은 지리와 시간대, 그리고 이 모든 것의 상대성에 흥미를 느끼기 시작
했다.

몇 달 후 이 꼬마 숙녀는 공연을 위해 전국을 여행했는데, 비행기에
오를 때마다 늘 시계를 다시 맞췄다. 시간대를 통과하면서 그날을 계획

하고 싶어서였다. 그 방법은 다저스 구장 전광판에서 깜박이던 야구 점수를 보면서 터득한 것이다.

시간의 상대성에 대한 이해는 굉장히 중요한 발전으로 이어진다. 역사, 그리고 과거가 현재에 대해 무엇을 이야기해 주는지에 관심을 갖게 되는 것이다. 요즘 아이들은 대부분 역사의 중요성을 잘 모른다. 사실 교사가 역사 수업 시간에 '죽은 백인 남자'에 대해서는 가르치지 않는다고 자랑하듯 선언하는 것도 보기 드문 일은 아니다. 그러나 이건 잘못된 생각이다. 역사는 중요하다. 죽은 백인 남자까지도 말이다.

역사에 특별한 재능을 보이는 학생들은 다른 대다수 학생들과 구별되는 점이 있는데, 그건 지능도 아니고 재능도 아니다. 이 학생들은 시간을 중심으로 생각하고 행동하는 법을 몸에 익혔기 때문에 자라면서 다른 시대를 이해하고 존중하게 된다. 나는 가끔 이런 질문을 받는다.

"선생님 아이들은 어떻게 셰익스피어나 마크 트웨인Mark Twain을 좋아할 수 있죠?"

"우리 아이들은 힙합이나 록 음악만 듣는데 선생님 아이들은 어쩜 그렇게 열심히 비발디Antonio Vivaldi의 곡을 연주하지요?"

"선생님 아이들은 어떻게 〈카사블랑카Casablanca〉를 좋아하게 됐나요?"

대답은 간단하다. 호바트 셰익스피어 연극반은 시간과 먼저 살다 간 사람들을 존중하는 법을 배웠기 때문이다. 우리는 '현재'를 살고 있고, 그렇기 때문에 그 밖의 다른 것은 중요하지 않다고 여기는 경향이 있다.

그러나 56호 교실 아이들은 그렇지 않다. 이 아이들은 과거를 바라볼 줄 아는 능력이 아주 뛰어나다. 시간을 존중하는 아이들은 위대한 것을 판단하는 척도가 시간이라는 '시험'을 통과했느냐의 여부라는 사실을 안다. 최근 등장한 팝 스타의 CD가 수백만 장씩 팔려 나갈 수는 있지만, 중요한 문제는 과연 10년, 50년 또는 100년이 지난 뒤에도 사람들이 이 음악을 들을 것인가이다. 아마 그렇지 않을 확률이 높다. 베토벤 교향곡 5번의 도입부가 그토록 익숙한 데는 다 이유가 있다. 베토벤의 '운명'은 시간이 증명하듯이 모두가 인정한 위대한 작품이다. 수백 년 동안 사라지지 않고 사람들에게 감동을 주었다. 아이들도 깊이 생각하면 모든 시간이 연결되어 있다는 사실을 이해할 수 있다. 과거가 현재를 만들고 현재가 다시 미래를 결정한다는 사실을 이해하는 아이는 예술을 탐구하고 '나'라는 제한된 존재를 넘어 다른 시대를 생각한다.

특출한 아이들은 다양한 시대의 예술과 인물과 사상을 끌어안는다. 다른 이유는 없다. 시간을 사랑하고 존중하기 때문이다. 과거의 사건을 정적인 것으로 보거나 세월이라는 거리로 멀찌감치 떨어뜨려 놓고 보지 않는다. 1800년대를 기이하고 낯선 시대로 생각하지 않고, 톰 소여의 꼬임에 넘어간 세인트 피터스버그 아이들이 울타리를 하얗게 칠하는 모습에 배꼽을 잡고 웃는다. 시간을 통해 번역된 마크 트웨인의 글이 지닌 가치를 알고 《톰 소여의 모험The Adventures of Tom Sawyer》이 엄청나게 재미있다는 것을 안다. 우리는 셰익스피어 희곡을 처음 공부할 때, 시인을 가리켜 "한 시기가 아닌 모든 시대"의 사람이라고 설명한 시인 벤 존슨Ben Jonson의 말을 배운다.

아이들이 과거의 사상과 사고, 지식 등에 관심을 갖게 할 수 있는 또 다른 방법은 지질 시계를 보여주는 것이다. 구글에서 이 용어를 검색하면 지구의 나이를 24시간으로 표현해서 소개하는 다양한 웹 사이트를 찾을 수 있다. 어린 학생들은 하루라는 시간으로 지구의 나이를 계산할 때 인간이 자정을 몇 초 남긴 시점에 등장했다는 사실을 알고 충격을 받는다. 이렇게 따지면 초서Geoffrey Chaucer와 바흐Johann Sebastian Bach는 더 이상 옛날 사람처럼 보이지 않는다. 시간상 우리보다 겨우 1000분의 1초 먼저 살았던 사람들이기 때문이다. 지질 시계는 아이들이 우리 앞에 살다 간 사람들에게 마음을 열고 그 과정에서 과거가 알려주는 것을 활용하는 데 도움을 준다.

머리라는 책가방에는 무엇을 넣어야 할까?

대부분 부모는 어린 자녀가 학교 수업을 잘 준비할 수 있도록 도와준다. 학용품을 사주고, 저학년일 때는 가방을 싸는 것도 돕는다. 자녀가 공부하는 데 조금이라도 부족한 게 있을까 봐 노심초사하며 연필과 공책을 비롯한 각종 교구를 챙긴다.

부모는 아이가 더 높은 수준에 도달하는 데 도움이 되는 훌륭한 책가방을 만들어줄 수 있다. 연필과 지우개도 물론 중요하지만, 진짜 필요한 것은 '머리'라는 책가방에 넣어 다니는 '지식'이라는 도구다. 이 도구를 이용해 삶의 방향을 찾을 수 있으며, 이 도구가 전하는 다양한 교훈이 영화, 책, 게임, 취미, 부모와 교사의 지혜, 그리고 아이가 직접 쌓는 경험 속에서 구체화된다. 이것은 좋은 계산기와 컴퓨터를 가지는 것보다 훨씬 중요하다. 이 책에서는 9회로 이루어진 야구 경기를 1회씩 살펴보면서, 가끔은 혼란스럽기도 하고 위험하기도 한 인생길을 나서는 아이들에게 과연 무엇을 챙겨주어야 하는지에 대해 간단한 제안을 할 것이다. 어떤 도구는 쉽게 얻을 수 있지만, 어떤 도구는 쉽게 이해되지 않을

시간을 알면 역사를 알고, 역사를 알면 존중을 알게 된다

역사에 흥미를 못 느끼는 아이들도 시간의 상대성을 알면 과거와 현재에 대해 관심을 갖게 된다. 이는 단순히 역사 공부를 잘하게 된다는 것을 의미하지 않는다. 시간을 몸에 익히면 나와 다른 시대, 다른 지역의 사람을 존중하게 된다.

수 있다는 점을 명심해야 한다. 이런 관점에서 본다면 진정한 성공의 요소는 아이들이 지금 교실에서 배우고 있는 것과는 거의 상관이 없다. 요즘 학교 현실을 보면 기술은 빠르고 효율적으로 배울 수 있다는 잘못된 생각을 가지고 있는 것 같다. 지금부터 그 이면을 잠깐 살펴보자.

근래에는 많은 학군이 자녀를 성공적으로 키우는 데 꼭 필요한 기술을 결정한답시고 담임교사, 지도교사, 수업 감독관 등 수많은 사람들을 불러 모은다. 일단 이런 '기준'을 정하고 나면 단계별 학습 계획을 세워서 각각의 기술을 똑같은 방식에 따라 똑같은 속도로 모든 아이에게 가르치게 한다. 물론 이건 말도 안 되는 방법이다. 아무리 똑똑한 아이라도 하루, 이틀 사이에 평생토록 몸에 지니고 다닐 가치 있는 무언가를 완벽하게 습득할 순 없다는 사실을 고려한다면 상황은 더욱 심각해진다.

예를 들어 로스앤젤레스 통합 학군에서는 5학년 문법 시간에 '명사'를 가르쳐야 한다. 아마 이것이 잘못된 생각이라면서 반대할 사람은 없을 것이다. 명사라는 개념을 이해하는 아이는 생각을 글로 옮기고 말로 전달하는 데 뛰어날 것이다. 그러나 슬픈 사실은 이 학군에서는 명사를 배우는 데 고작 이틀만 할당한 교과서를 사용한다는 점이다. 감독관은 교실을 돌아다니며 교사가 정해진 교과 내용을 제대로 가르치는지 확인한다. 그리고는 일주일에 한 번씩 회의를 열어 치밀하게 계획한 프레젠테이션과 점검표를 가지고 명사를 가르쳤는지, 모든 아이가 이제 명사를 알고 있는지 기록한다.

참으로 웃기는 일이다. 부모라면 다 알겠지만 아이들은 결코 이런 식으로 배우지 않는다. 대부분의 아이들은, 심지어 아주 총명한 아이라도, 문법이나 수학에서 하나의 개념을 완전히 익히려면 끊임없이 복습하고 연습해야 한다. 성적표에는 아이가 기술을 배우는 것처럼 보일지 몰라도 실제로 아이는 기술을 잠시 빌리는 것이기 때문에 주말이 지나면, 혹은 여름방학이 지나면 무엇을 배웠는지 곧 잊어버리게 된다는 사실을 오늘날의 학교는 망각하고 있다.

여기서 부모가 기억해야 할 점은 아이가 기본 개념을 제대로 이해할 수 있도록 도와주려면 학교에서 배운 교과 내용을 집에서 다시 한 번 되짚어 주어야 한다는 것이다(그리고 부모가 알고 있는 지식도 적절하게 더해야 한다). 이 과정은 충분한 인내를 가지고 꾸준히 이루어져야 한다. 자녀에게 시간의 중요성을 가르칠 때 다음과 같은 반응을 기대해서는 절대 안 된다.

"아하! 그게 있었지! 전에는 시간의 중요성을 전혀 생각하지 못했는데 이렇게 명쾌한 예를 들어주시니까 이제 알겠어요! 너무 고마워요. 이렇게 훌륭한 부모를 만나다니, 제 인생은 훨씬 나아질 거예요."

아이를 키우기가 이렇게 간단하다면 얼마나 좋겠냐만 현실은 그렇지 않다. 하지만 기회가 있을 때마다 다양한 사례를 얘기해 주고, 일상 속에서 이런저런 주제에 대해 자주 대화를 나눔으로써(물론 적절한 시기에) 개념을 단단히 주입시키면 아이는 점차 교실에서 다루지 않는 지식을 얻기 시작할 것이다. 전국에서 들어오는 야구 경기 점수는 각각 다른 시간대에서 진행되고 있는 경기의 점수라는 사실을 알려주는 것도 여기에 해당하는 예다. 자녀를 가르칠 때 꼭 포함시켜야 하는 시간 개념에 관한 교육 방법을 몇 가지 더 소개하겠다.

시간의 교훈이 담긴 책들

손턴 와일더Thornton Wilder의 고전 희극이자 퓰리처상 수상작이기도 한 《우리 읍내Our Town》는 자녀에게 꼭 읽혀야 한다. 어린 시절 여러 번 읽어도 손색이 없을 만큼 훌륭한 작품이다. 나이가 어린 자녀도 가족과 함께 이 작품을 읽을 수 있다. 중학교에 올라가 혼자서 한 번 더 읽으면 더욱 유익하고, 고등학교에 올라가서는 반드시 이 작품을 공부해야 한다. 특히 아이가 이 작품을 글로 먼저 읽고 연극이나 영화를 보도록 지도해야 한다. 이 희극을 영화화한 훌륭한 작품들이 DVD로 시중에 나와 있다. 많은 사람들이 1940년에 윌리엄 홀던William Holden과 마사 스콧Martha Scott이 출연한 영화를 좋아하지만, 1977년 할 홀브룩Hal Holbrook이 무대감독 역할을 맡고 네드 비티Ned Beatty, 로니 콕스Ronny Cox, 사다 톰슨Sada Thompson, 바버라 벨 게디스Barbara Bel Geddes, 로비 벤슨Robbie Benson 등의 스타들이 총출연해 만들어진 '홀마크 명예의 전당Hallmark Hall of Fame' 작품을 좋아하는 사람도 있다.

와일더의 희극은 시간에 관한 명대사로 가득하다. 한때 바빌론에 살았던 가족과 "고작해야 30킬로미터를 가본 것이 전부"인 자기 나라를 위해 죽은 내전 소년들에 관한 대사는 기가 막히다. 무엇보다도 에밀리가 죽은 후 다시 과거로 여행하는 사건이 의미하는 바를 아이가 이해하도록 해야 한다. 에밀리는 이 세상에서 주어진 시간을 얼마나 하찮게 여겼는지를 너무 늦게 깨닫고는 후회의 눈물을 흘리며 무대감독에게 묻는다.

에 밀 리: 살아 있는 동안 살아 있음을 깨닫는 사람이 있기는 한가요? 일분일초마다?
무대감독: 아니. 성인군자나 시인이라면 어느 정도 가능할지도…….

이 세상이 성인군자나 시인을 키우기엔 그토록 끔찍한 세상일까? 학생들이 일분일초마다 삶을 중요하게 생각하고 살아가도록 자극하는 것도 훌륭한 목표가 될 수 있다. 《우리 읍내》는 아이가 시간의 가치를 이해하는 데 큰 도움을 준다.

문학 작품 읽기에 불을 붙일 준비가 된 학생이라면 알렉스 헤일리Alex Haley의 훌륭한 작품 《말콤 엑스The Autobiography of Malcolm X》와 스파이크 리Spike Lee 감독의 감각적인 영화 〈말콤 엑스Malcolm X〉를 추천한다. 말콤은 살아

갈 날이 정해져 있다는 것을 알고 항상 손목시계를 찼다. 그는 무슨 일이든 거리가 아닌 시간으로 계산을 했다. 어떤 장소에서 10분 거리에 있다는 식으로 생각했지, 3킬로미터 떨어져 있다는 식으로는 생각하지 않았다. 그의 삶에는 늘 시계가 있었다. 실제로 말콤을 찍은 사진을 보면 대부분의 사진에 시계가 빠짐없이 등장하는 것을 볼 수 있다. 말콤의 생활 방식에 동의하든 동의하지 않든 책 자체는 매우 훌륭하다. 말콤이 시간을 이해하고 관리한 방식은 아이가 삶에서 시간을 생각할 때 명심해야 할 중요한 교훈이다.

영화에서 시간의 의미를 찾아라

저학년 아이들은 물론이요, 고학년 아이들에게도 함께 영화를 보는 일은 좋은 학습 경험이 될 수 있다. 그러나 중요한 건 아이와 '함께' 보는 것이다. 내가 아이들과 함께 본 영화 중 일부는 진지한 성인 이야기를 다룬다. 그래서 아이를 일찍부터 전쟁이나 성性 같은 심각한 주제에 노출시키는 것을 걱정하는 부모는 이런 영화를 피하기도 한다. 여기서 소개하는 대부분의 영화는 나와 우리 반 학생들이 함께 본 영화이고, 앞으로 우리 반에 들어올 학생들과도 같이 볼 영화다. 모두가 생각을 하게 만드는 영화라는 점, 그게 핵심이다. 하지만 아이의 사고가 깨어나도록 하려면 우리 어른이 옆에서 지도해 주어야 한다.

재미를 위해 매년 가족과 함께 〈사랑의 블랙홀Groundhog Day〉(빌 머레이 주연) 같은 유쾌한 영화를 보는 날을 정해보자. 진정으로 위대한 코미디가 대개 그렇듯이, 이 영화도 유머라는 장치를 사용해 심각한 주제(이 영화의 경우, 실수를 통해 배우고 잘못된 결과를 바로잡을 수 있는 기회를 끊임없이 얻을 수 있다고 상상하는 것)를 유쾌하게 풀어낸다. 영화가 끝나면 자녀에게 실제 삶은 영화 같지 않다는 점을 일깨워준다. 실제로는 옳은 일을 할 수 있는 기회가 한 번밖에 찾아오지 않는 경우가 대부분이기 때문에 기회가 있을 때 바르게 활용해야 한다고 일러주는 것이다.

더욱 확실하게 메시지를 심어주기 위해 좀 더 과감한 시도를 하고 싶다면, H.G. 웰스Herbert George Wells의 소설 《타임머신The Time Machine》을 충실하게 영화로 옮긴 조지 팔George Pal 감독의 1960년 작 〈타임머신〉을 추천한다. 로드 테일러Rod Taylor, 앨런 영Alan Young, 이베트 미미오Yvette Mimieux가 출연한 이 영화는 과거와 미래의 시간 관계를 재창조하면서 모든 시간이 어떻게 서로 연결되는지에 대해 많은 의문을 던진다. 대부분의 영화가 그렇듯이 이 영화도 원작 소설이 더 좋으므로 영화를 보기 전에 가족과 함께 원작을 읽으면 좋을 것이다. 영화에서 주인공 H.G. 웰스는 새로운 세상을 열기 위해 미래로 가면서 책 세 권을 챙긴다. 현재에 남겨진 주인공의 친구는 책꽂이에서 세 군데가 비어 있는 것을 알게 된다. 웰스가 새로운 사회를 만들기 위해 여행에 가져간 책이 무엇인지는 끝까지 밝혀지지 않는다. 여러분이라면 새로운 문명사회를 건설하기 위해 어떤 책을 가져갈 것인가 하고 묻는 것이다. 내용이 흥미진진하고 재미있기도 하지만, 아이에게는 지금의 지식이 미래를 만드는 데 어떤 구실을 할지 생각해 볼 수 있는 기회가 되기도 한다. 아이가 과거를 거부하고 미래에 대해 생각해 보길 꺼리면 부모는 당황하기 쉽다. 아이의 책가방에 《타임머신》을 넣어준다면 아이가 과거와 미래를 모두 생각할 수 있는 좋은 자극이 될 것이다.

마지막으로 아카데미 작품상을 받은 밀로스 포먼Milos Forman 감독의 1984년 작 〈아마데우스Amadeus〉를 권한다. 영화 초반부를 보면 한 신부가 얼마 전 자살을 시도한 작곡가 살리에리를 위로하는 감동적인 장면이 나온다. 살리에리는 자신이 오래전에 작곡했던 음악 몇 곡을 들려주지만, 한때는 모두 유명세를 탔던 곡을 신부가 하나도 모르자 점점 낙담하게 된다. 마지막으로 살리에리가 곡 하나를 연주하는데 그 곡만큼은 신부가 바로 알아차렸다(아마 여러분의 자녀도 금세 알 것이다). 신부는 살리에리의 끈기와 인내 덕분에 이렇게 유명한 곡이 탄생했다는 것을 전혀 몰랐다며 살리에리를 칭찬한다.

"제 곡이 아니에요."

실망한 살리에리가 풀이 죽어 대답한다. 사실 마지막으로 연주한 곡은 살리에리와 같은 시대를 살았던 모차르트가 작곡한 곡이었다. 훌륭한 작품에서만 볼 수 있는 멋진 장면으로, 아이에게 생각할 기회를 준다. 모차르트가 죽은 지 수백 년이 흘렀는데도 모차르트 곡을 아는 건 시간이라는 시험을 통과했기 때문이다. 시간이라는 개념을 일깨워주는 명장면이다.

악기를 연주하는 아이는 다르다

지구상의 모든 아이가 반드시 곡을 연주해야 한다는 규칙 같은 것이 있다면 세상은 더 나은 곳이 될 것이다. 취향에 상관없이 음악은 아이의 성장과 발달에 매우 중요한 기능을 한다. 여러 가지 이유에서 악기를 연주하는 아이들은 그렇지 않은 아이들에 비해 시간을 더 잘 이해한다.

아인슈타인은 음악과 수학의 연관성에 대해 지적하면서 음악을 잘하는 아이들은 수학을 좋아할 가능성이 높다고 말한 적이 있다. 당연한 얘기지만 복잡하게 얽힌 음표와 박자 기호를 잘 이해해야 전체 오케스트라가 조화를 이루기 때문에 음악가는 시간을 더 잘 이해할 수밖에 없다.

연주 자체에만 국한된 얘기는 아니다. 음악을 하면 예행연습에 늦지 않게 참가하는 법을 익히게 된다. 또 하루 일과를 계획해서 악기를 연습할 시간을 따로 떼어놓아야 한다. 좋든 나쁘든 시간을 잘못 관리해서 연습이 부족하면 그 결과가 바로 눈에 보인다. 어린 음악가는 스스로 시간을 지킬 줄 알아야 할 뿐만 아니라 함께 연주할 때는 다른 사람과도 시간을 맞춰야 한다. 나와 함께 야구장을 찾은 아이들은 음악을 한다. 모두 교실에서나 방과 후 활동을 할 때나 시간을 잘 지킨다. 우연의 일치가 아니다. 아이에게 과외를 시키든 학교에서 놀게 하든 음악은 선택 사항이 되어서는 안 된다. 악보를 읽는 것도 글을 읽는 것만큼이나 중요하다.

하지만 요즘 학교는 생각이 다른 것 같다. 음악이 선택 과목으로 되어 있는데, 이는 명백한 실수다. 음악 교육은 모든 교과 과정에 포함되어야 한다. 아이가 악보를 읽고 악기를 연주하며 일상생활에서 음악을 즐긴 다면 훨씬 나은 삶을 살 것이다. 음악을 통해 다른 사람과 조화를 이루 는 법을 배우고, 자기도 모르는 사이에 그날그날 유용하게 쓸 시간을 관 리하는 기술을 발달시킬 수 있으며, 나아가 악기를 연주하지 않을 때도 시간을 잘 관리할 수 있다.

연극에서 배우는 타이밍 감각

음악과 마찬가지로 연극을 하는 아이들도 그렇지 않은 아이들보다 시 간을 훨씬 잘 이해한다. 30여 년 전에 처음 연극 지도를 시작했을 때는 이 사실을 전혀 몰랐다. 초창기에 학생들과 작품을 만드는 일이란 그저 대사를 외우고 장면을 구분하며 관객을 행복하게 만들어 집으로 보내 는 것뿐이었다.

하지만 시간이 지날수록 다른 아이들에 비해 관객과 더 잘 교감하는 아이들이 있다는 걸 알게 됐다. 목소리가 더 큰 것도, 발음이 더 분명한 것도, 동작이 더 큰 것도 아닌데 말이다. 알고 보니 그건 타이밍 때문이 었다. 아이들은 연극 연습을 하면서 대사를 읊고 상대방에 반응하는 법 을 익히는데, 그러면서 타이밍 감각도 함께 향상되는 것이다.

이안 맥켈런 경Sir Ian McKellen의 멋진 농담을 하나 소개하겠다. 〈셰익스 피어 되기Acting Shakespeare〉라는 유명한 1인극에서 한 말인데, 우리 반은 무 대에서 셰익스피어 작품의 다양한 장면을 연기할 때 이 농담을 대사로 사용하는 걸 아주 좋아한다. 공연이 시작되고 두어 시간쯤 지나면 아이 하나가 컵을 들고 나오면서 이렇게 말한다.

술을 마시면 안 되는 걸 알지만 한잔 하더라도 너그러이 봐주시오. 사람의 목이란 게 오래 쓰면 한 번씩 기름칠을 해줘야 해서 말이지. 혹시라도 목소리에 문제가 생기면 말을 하지 마시오. 그랬다간 곧장 목이 가버릴 테니까. 그래도 말을 해야 한다면 집에서 만든 이 약제를 써보는 것도 나쁘진 않을 거요. 갓 짜낸 신선한 레몬즙에 꿀을 듬뿍 넣고 꿀이 녹을 때까지 잘 저은 다음 목구멍에 한 방울씩 떨어뜨리기만 하면 되거든.

(한 모금 홀짝 마시고는 관객을 향해 말한다.)

종군.

(그러면 객석에서 낄낄거리는 웃음소리가 새어 나온다. 그때 꽤 오랜 침묵 뒤에 기막힌 말 한마디가 이어진다.)

사실, 이건 진이라네!

(관객은 자지러질 듯 웃는다.)

(또다시 오랜 침묵)

연극의 신비로운 힘은 절대 알 수가 없다지.

우리 학생들은 수년간 무대 위에서 이 대사를 해왔고 수천 관객에게 웃음을 선사했다. 무엇보다도 아이들이 타이밍의 중요성을 배웠다는 게 큰 수확이었다. 치료약이라고 만든 게 바로 술이었다는 사실을 말하기 전에 잠시 멈추는 순간이 없다면 관객이 그만큼 재미있게 웃지는 않을 것이다. 아이들은 먼저 던진 농담으로 터진 웃음의 물결이 사그라지는 그 순간에 마지막 대사를 읊어야 한다는 걸 터득했다. 객석이 완전히 조용해질 때까지 기다렸다가는 농담이 효과를 발휘하지 못한다. 반대로 대사를 너무 빨리 읊으면 급소를 찌르는 대사가 이전 웃음에 묻히게 된다.

아이들은 음악과 연극을 배우면서 타이밍이 무엇보다 중요하다는 사실을 깨닫는다. 부모나 교사가 잘만 지도하면 예술뿐만 아니라 삶에서

시간 개념을 좀 더 재미있게 가르치려면

- 시간 개념을 잘 표현하고 있는 소설, 영화를 '함께' 보고 이야기를 나눈다.

- 악기 연주만큼 시간을 지키고 계획하는 기술을 자연스럽게 익힐 수 있는 방법도 없다.

- 연극 지도를 통해 타이밍 감각을 향상시킨다.

도 타이밍이 중요하다는 사실을 그리 어렵지 않게 이해시킬 수 있다. 아이들은 연극을 하면서 말하는 기술을 익히고, 무슨 말을 해야 하는지는 물론이고 그 말을 '언제' 해야 하는지를 알 수 있는 미묘한 재능을 계발할 수 있다.

우리는 아이들이 더 나은 삶을 살기를 바란다. 아이들이 시간을 소중하게 여긴다면 이 꿈은 좀 더 쉽게 실현될 것이다. 좋은 책과 영화에 부모의 생각을 엮어 들려주자. 악기와 대본을 챙겨 아이의 책가방에 조심스럽게 넣어주자. 누구라도 가치를 매길 수 없는 이 책가방을 아이가 잃어버리는 건 원하지 않을 것이다.

금요일의 비밀

1회가 끝났다. 아이들은 한껏 들떠 있었고 점수표를 서로 비교하면서 낄낄댔다. 아이들을 야간 경기에 데려오는 것은 쉽지 않았다. 늘 수백만의 스타와 수백만의 사람과 수백만의 영혼에 관심을 가졌던 손턴 와일더, 나는 그에 대해 생각했다. 이 아이들에게 야구를 알려주기 위해 투자했던 수백 시간에 대해 생각했다. 아이들이 그렇게 즐거워하는 걸 보니 기뻤다. 그리고 와일더처럼 앞서 간 사람들을 생각했다.

예전에 줄리아라는 아이가 있었다. 아주 오래전 아이들을 처음 야구 경기에 데려갔을 때 함께 갔던 아이 중 하나다. 야구를 그리 좋아하는 편은 아니었다. 줄리아가 좋아하는 건 체조였다. 사실 줄리아는 한 번도 우리 반이 된 적이 없었다. 다른 반 학생이었는데도 가능하면 56호 교실에 와서 시간을 보냈다. 음악을 하고 셰익스피어 연극을 하던 줄리아는 빛나는 스타였다.

지난 달 나는 아내 바버라와 함께 뉴욕 이타카로 긴 여행을 떠났다. 그리고 코넬 대학에 다니는 줄리아를 만났다. 꼬마였던 줄리아는 이제 어엿한 숙녀가 다 됐고, 가족 중에서는 처음으로 대학에 갔다. 줄리아는 아이비리그 명문 대학에 다니고 있었다. 초라했던 시작에 비추어 보면 기적 같은 일이었다.

줄리아는 화학공학과 3학년에 재학 중이다. 여기저기에서 온갖 취업 기회와 인턴십, 대학원 진학 제안을 받고 있어 미래가 밝다. 영어도 제 대로 말하지 못하고 하루 끼니를 때우기 위해 온종일 닥치는 대로 일해 야 했던 아버지 밑에서 큰 어린 소녀에게 나쁘지 않은 결과다. 안경 가 게에서 점원으로 일할 때도, 쇼핑몰에서 샌드위치를 팔 때도 아버지는 언제나 딸에게 기회를 주려고 노력했다.

우리는 코넬 대학 근처에 있는 작은 음식점에서 줄리아와 저녁을 먹 었다. 쾌청한 봄날 저녁이었다. 10년 동안 알고 지낸 지난 세월을 이야 기하면서 웃다가 찔끔 울기도 했다. 바버라는 옛날 이야기를 하면서 세 월이 흘러 연락이 끊긴 아이들에 대해 물었다. 줄리아만큼 멋지고 똑똑 한데도 대학을 졸업하지 못한 아이들이 많았다.

나는 인생을 멋지게 살아가는 똑똑한 젊은이들의 생각을 듣는 데 관 심이 많다. 줄리아는 룸메이트가 두 명 있는데, 한 명은 중퇴하고 다른 한 명은 한동안 캠퍼스를 떠났다가 최근에야 졸업하려고 다시 돌아왔 다고 이야기했다. 줄리아 혼자만 높이 날아오르고 있었던 것이다. 어떻 게 지금까지 올 수 있었는지 물었다.

레이프: 이렇게 좋은 결과를 얻을 수 있었던 비결이 뭐니, 줄리아?

줄리아: (웃으며) 금요일과 폼프렛 성이요. 그건 분명해요.

레이프: (더듬거리며) 뭐라고?

줄리아는 고등학교를 다니는 동안 금요일 저녁을 일주일 중 가장 좋아하는 시간으로 삼기로 했다고 설명했다. 다른 학생들은 일주일 수업이 끝났다는 해방감에 모든 일을 제쳐두고 스트레스를 푸는 데 시간을 보냈다. 대학교 친구들도 마찬가지였다. 하지만 줄리아는 달랐다. 줄리아도 반 친구들처럼 파티를 좋아했다. 술꾼은 아니었지만 남학생들과 어울리며 음악을 듣고 바보 같은 짓도 많이 했다. 하지만 금요일만은 예외였다. 줄리아는 아직 공부 리듬이 깨지지 않은 금요일에 더 열심히 공부했다고 말했다. 다른 학생들보다 더 많이 공부했기 때문이 아니라 다른 학생들과 다른 '때'에 책을 펼쳤기 때문에 다른 결과를 낼 수 있었던 것이다. 줄리아는 과거에 나누었던 시간에 대한 대화가 큰 배움이 되었다고 말했다. 나조차도 금요일 저녁의 중요성에 대해서는 생각해 보지 못했는데, 줄리아는 한 발 앞서 가고 있었다.

레이프: 그러니까 《햄릿Hamlet》을 공부한 게 도움이 되었구나. 햄릿이 말했지? "준비만이 최선이다"라고.
줄리아: 그럼요. 하지만 솔직히 저한테는 그것보다 예전에 오리건 셰익스피어 축제에서 열린 〈리처드 3세Richard III〉 공연에 데려가 주신 것이 더 큰 도움이 됐어요.
레이프: 그래?
줄리아: 5막 5장은 절대 잊지 못해요. 좋아하는 장면의 대사를 복사해서 책상에 붙여놨을 정도니까요. 리처드 왕이 폼프렛 성에서 살해당하기 전에 이런 말을 했잖아요. "내가 시간을 버렸더니 이제 시간이 나를 버리는구나." 제 묘비에 그런 말을 새기고 싶진 않거든요.

순간 머릿속이 깜깜해지더니 눈앞에 다시 야구장이 펼쳐졌다. 오른쪽을 돌아보니 아이들은 벌써 2회 경기를 준비하고 있었다. 나는 미소를 지었다. 저 아이들도 언젠가 시간이 지나면 줄리아처럼 특별한 대학생으로 성장할 수 있겠구나 싶었다. 어느새 피곤함은 말끔히 사라졌다.

2회 세상의 소음에 흔들리지 않는 법

Second Inning

집중력

요즘에는 수업 시간에 창밖을 내다보거나, 숙제를 하지 않거나,
교실에서 무례한 행동을 하는 아이들을 모두 '주의력결핍과잉행동장애'로 낙인찍는다.
물론 정도가 심한 아이들은 전문가의 도움을 받아야겠지만, 약물 처방은 최후 수단이 되어야 한다.
아이가 집중력이 떨어지는 것은 대부분 지루하기 때문이고, 불행히도 온갖 오락거리로
집중력을 흐트리는 사회에 살고 있기 때문이다. 쉽게 주의를 빼앗기지 않는 법은 분명히 있다.

"집중!" 교사가 교실에서 가장 자주 하는 말을 꼽으라면 단연 1위에 오를 말이다. 간발의 차이로 "잘 들으세요" "앉으세요" "조용히 하세요", 그리고 슬프긴 하지만 "입 다물어"가 그 뒤를 이을 것이다. 요즘 교사들 열에 아홉은 학생들이 교실에서 얌전히 굴지 않는 게 가장 성질을 돋운다며 불만을 터뜨린다. 도무지 말을 듣지 않는다는 것이다.

  이 장에서는 '집중'에 관해 이야기하려고 한다. 특출한 학생들은 집중할 줄 알기에 아주 오랜 시간을 집중하는 데도 별로 어려움을 느끼지 않는다. 이 아이들은 소설책을 읽기 전에 몇 쪽이나 되는지 훑어보지 않는다. 영화를 보기 전에 DVD 케이스에 찍힌 상영 시간이 얼마나 되는지도 확인하지 않는다. 그리고 겁을 주거나 경고하지 않아도 부모님이나 선생님의 말을 잘 알아듣고 따른다. 아이들과 여행할 때면 공항이나 음식점, 호텔 로비 등 어느 곳에서나 낯선 사람들이 내게 다가와 궁금하다는 듯 묻는다.

"아니, 어떻게 해야 아이들이 이렇게 말을 잘 듣나요?"

가만히 있지 않는 아이들을 죄다 '주의력결핍과잉행동장애Attention Deficit/Hyperactivity Disorder, ADHD'로 낙인찍는 요즘, 경기를 집중력 있게 관람하는 어린 학생들의 모습은 꽤나 인상적이다. 물론 '주의력결핍과잉행동장애'가 아이들에게 심각한 문제인 건 맞다. 이런 아이들에게는 전문가의 도움이 필요하다. 전문가의 도움과 부모의 관심이 있다면 그런 아이들도 행복하고 생산적인 삶을 살 수 있다.

그런데 요즘에는 수업 시간에 창밖을 내다보거나, 숙제를 하지 않거나, 교실에서 무례한 행동을 하는 아이들을 모두 '주의력결핍과잉행동장애'가 있는 것으로 진단한다. 약물 처방은 최후 수단이 되어야 하는데도 많은 아이들이 약물 치료를 받고 있다.

아이가 집중력이 떨어진다고 해서 의학적으로 문제가 되는 경우는 거의 없다. 대부분은 지루하기 때문이고, 불행히도 온갖 오락거리로 집중력을 흩트리는 사회에 살고 있기 때문이다. 그런데 집중력 결여는 교실에서뿐만 아니라 인생에서도 심각한 결과를 가져올 수 있다. 높은 단계에 오른 학생들은 쉽게 주의를 빼앗기지 않는다. 학교 수업에 집중할 수 있고 나아가 자신의 꿈과 목표에 집중할 수 있으면, 그 학생의 인생은 분명 더 나아질 것이다.

군중심리에서 아이를 구하라

2회가 시작됐다. 카디널스 타자가 타석에 오르고 있다. 금요일 밤치고는 경기장이 아직도 상당히 비어 있다. 나의 풋내기 득점 기록원들은 관람 방법을 터득했다. 전광판 어디에서 볼과 스트라이크를 확인하는 지를 이해했고, 현재 타석에 들어선 타자가 전광판에 표시된 순서와 일 치하는지를 확인하는 법도 알았다. 다만 경험이 많은 야구팬이라면 알 고 있을 출루율, 방어율, 장타율 같은 복잡한 통계는 아직 익히지 못했 다. 그래도 타율이나 타점, 홈런 등의 통계는 이해했다. 타율이 3할 이상 인 타자가 타석에 서면 아이들은 조금 더 긴장했다. 경기를 제대로 즐기 고 있었다.

카디널스는 초반부터 경기를 유리하게 이끌었다. 중심 타선이 다저스 투수의 공에 공격적으로 맞섰고, 스탠 뮤지얼Stan Musial이나 루 브록Lou Brock 같은 카디널스의 전설적인 선수들을 아이들에게 설명하기도 전에 아웃 없이 1루와 3루에 나가 있었다. 나의 초보 야구팬들도 다저스가 2회부터 너무 뒤처지면 불리하다는 걸 잘 알았다. 나는 다저스 내야가 더블 플레 이를 하려는 의도로 본래 수비 위치에서 뒤로 물러나고 있다는 점을 알 려주었다. 아이들은 드라마가 펼쳐지길 기다렸다.

그때 갑자기 비치볼이 쏟아졌다. 미국의 많은 스포츠 경기장에서 이 런 상황이 심심찮게 연출되어 기분을 상하게 만드는데, 다저스 구장은 특히 심했다. 관중이 비치볼을 꺼내 서로에게 던지기 시작했다. 경기에 집중하는 다른 사람들의 안전은 아랑곳하지 않고 말이다. 다저스가 카 디널스의 득점 행진을 막을지 보려고 경기에 집중하고 있던 예림이 비 치볼에 머리를 맞았다. 예림의 눈에 눈물이 고였다. 아파서라기보다는 날아다니는 물체에 머리를 맞았다는 충격과 주변 사람들이 모두 자신 을 보며 웃고 있다는 사실 때문이었다.

나는 예림의 팔을 쓰다듬으며 다독였다. 예림은 몸을 떨며 혼란스러 워했고, 다른 아이들도 마찬가지였다. 타자를 보면서 내게 이런저런 질 문을 던졌다.

제시카: 이게 다 뭐예요?

레이프: 걱정 마라, 제시카. 이런 일이 꽤 있단다.

제시카: 저 사람들은 왜 이러는 건데요?

레이프: 재밌다고 생각하나 봐. 저 사람들한테는 오락거리인 셈이지.

제시카: 하지만 경기가 오락거리가 되어야 하는 거 아니에요?

레이프: 그래, 그래야지. 하지만 사람마다 생각이 다를 수 있거든.

진   욱: (상황을 알아차리고) 그럼 표지판은 뭔데요?

레이프: 무슨 표지판 말이니?

진   욱: 경기장에 들어올 때 병이나 무기, 비치볼은 가지고 들어갈 수
        없다고 적힌 표지판이 있었어요. 제가 두 번이나 읽었거든요.

레이프: 사람들이 못 봤나 보구나.

아이들은 필드에서 벌어지는 경기를 무시하고 관중석에서 비치볼을 가지고 놀기 위해 경기장을 찾은 사람들을 이해할 수 없다는 표정이었다. 특히 다른 사람을 다치게 할 수 있는 비치볼을 금지하는 표지판이 경기장에 붙어 있는데도 말이다. 대화는 계속됐다. 아이들은 비치볼은 바닷가에서 가지고 놀아야 하는 거 아니냐며 반문했다. 생각이 깊은 열 살짜리 아이들에게 상식에서 벗어난 사람들의 행동을 이해시키기란 쉽지 않았다.

상황은 더 악화됐다. 아이들은 우리 구역에 앉은 사람들 대다수가 전혀 경기를 보고 있지 않다는 것을 알아차렸다. 모두 자리에서 일어나 경기를 외면하고 있었다. 비치볼 수가 금세 불어났고, 이제는 네 개의 공이 머리 위를 날아다니고 있었다. 사람들은 공을 이리저리 던지며 소리를 질러댔다. 공 하나가 나이 많은 한 여인의 머리를 때리자 귀에 거슬리는 웃음소리가 터져 나왔다.

이쯤 되자 안내원들이 각 구역의 통로를 돌아다니면서 공을 압수하려

고 애를 썼다. 안내원들은 대부분 생활비를 벌려고 일하는 고등학생이
나 대학생이었다. 알록달록한 비치볼을 거두어 가려는 젊은이들에게
사람들은 비아냥거리며 욕을 해댔다.

공 하나가 통로를 따라 우리 앞 다섯 번째 줄로 굴러갔다. 아빠와 함
께 온 다섯 살쯤 되어 보이는 어린 꼬마가 공을 집어 들었다. 다저스 직
원이 계단을 올라 꼬마에게 다가가자, 아빠가 소리를 질렀다.

"주지 마! 주지 마! 얼른 쳐! 얼른 쳐!"

꼬마는 자신의 롤모델에 복종해 공을 안내원에게 주지 않고 저 멀리
던져버렸다. 사람들이 잘했다는 듯 고함을 질렀다.

그때 혼자 경기를 보러 온 한 남자가 공을 잡았다. 사람들이 남자에게
어서 공을 치라고 소리를 질렀지만, 그는 일어서서 공을 안내원에게 건
넸다. 그랬더니 여기저기서 야유와 비난이 쏟아졌고, 험악한 말까지 오
갔다.

그러는 동안에도 경기는 진행되고 있었다. 다저스 구장 12구역에서
이 사실을 인지하고 있는 사람은 별로 없었지만 말이다. 카디널스가 홈
에서 멋진 플레이로 점수를 뽑았다. 원아웃, 1루와 3루에 주자가 나간 상
황에서 타자가 2루타를 치면서 3루 주자가 쉽게 홈으로 들어왔다. 1루에
있던 주자도 홈으로 쇄도했는데, 다저스가 우익수에서 2루수로, 다시 포
수로 빠르게 공을 던지면서 홈에서 접전이 벌어졌다. 주자는 포수를 돌
아 멋지게 슬라이딩해 왼손으로 홈 베이스를 가까스로 찍었다. 카디널
스가 2 대 0으로 앞섰다. 우리 구역에 있는 관중 중 90퍼센트가 이 장면
을 전혀 보지 못했다고 해도 과언이 아니다. 비치볼을 가지고 노느라 바
빠서……

우리 시대가 지닌 병적 징후라고 할 수 있다. 집중하는 법을 잊어버린
사회에서 사는 아이들이 학교에서 집중하지 못하는 것은 어쩌면 당연
한 일이다. 더군다나 이번에는 아이들이 아빠가 자식에게 집중하지 말

라고 가르치는 광경까지 목격했다. 이래도 우리 학교가 집중하지 못하는 아이들로 가득하다는 게 이상한가?

꼬마가 공을 안내원에게 주지 않고 멀리 던지는 모습을 보면서 흥미로운 물음이 하나 떠올랐다. 아이의 행동이 정말로 잘못된 걸까? 어쨌거나 한 사람의 '아이'가 또 다른 사람에게는 '말썽꾸러기'가 됐으니 말이다. 많은 사람들은 이런 경기장에서 입장료를 지불한 관중이라면 하고 싶은 대로 해도 괜찮다고 여긴다. 생각 있는 아이라면 이런 논리를 거부해야 한다. 관중 대다수가 좋아한다는 이유만으로 잘못된 행동이 바른 행동이 될 수 없다는 점을 아이들은 알아야 한다. 여기서 중요한 문제는 아이들이 자신만의 행동 기준을 발달시켜야 한다는 것이다. 경기장 관중석에서는 물론이고, 인생의 어느 상황에 처하든 군중심리에 맞설 수 있을 만큼 강한 행동 기준을 키워야 한다.

행동의 옳고 그름은 개인차이지만, 사실 요즘 학생들은 바르게 행동하지 않거나 주의를 잘 기울이지 않는다. 거의 모든 베테랑 교사가 학생들의 태도가 점점 나빠지고 있는 것을 직접 경험했다. 여기에다 훌륭한 전문가들마저 늘어나는 문제아 수를 줄이는 데 두 손 두 발 다 들면서 좋은 교사가 점점 줄고 있다. 수업에 주의를 기울이고 집중하려는 진지한 학생들이 통제 불능의 학생들에게 수적으로 밀리는 경우도 있다. 모범 학생들이 문제 학생들을 무서워해 공부하려는 의지나 수업에 대한 관심을 보이지 않는 것이다. 비치볼을 안내원에게 주었다는 이유로 야유를 받은 남자처럼, 자신도 바른 행동을 했다가 같은 반 친구들에게 비난을 받을 수 있기 때문이다.

자신만의 행동 기준을 세우고 따르는 아이는 더 나은 삶을 살 수 있다. 나는 내 자식뿐만 아니라 모든 아이에게 로런스 콜버그 Lawrence Kohlberg 의 6단계 도덕 발달 과정을 가르친다. 심리학자인 콜버그는 간단한 계층 구조를 통해 사람이 특정 방식으로 행동하게 되는 여섯 가지 이유를 설명한다. 한 단계 한 단계 높아질수록 이유가 복잡해지고 자극과 반응이라는 기본 체계의 구속을 덜 받는다.

1단계: 처벌 회피

2단계: 보상을 원하는 행동

3단계: 다른 사람을 기쁘게 하기

4단계: 규칙 따르기

5단계: 배려

6단계: 나만의 행동 양식을 따르는 행동과 사고

아이들은 콜버그가 말하는 6단계에 도달하려고 스스로 노력할 때 비상함으로 가는 길에 오를 수 있다. 6단계에 이르기 위해서는 인내와 끈기를 가지고 끊임없이 노력해야 한다. 도둑질을 삼가는 이유가 단지 경찰이 가까이 있기 때문일까? 아니면 도둑질 같은 행동을 하고 싶지 않아서일까? 특별한 아이들은 늘 주의를 기울인다. 필요할 때만 주의를 기울여서는 원하는 목표를 달성할 수 없다는 것을 알기 때문이다. 야구장에서 주의를 기울이고, 학교에서도 주의를 기울인다. 거기에 어떤 연관도 없다고 생각한다면 우리는 스스로를 기만하는 셈이다. 특출한 아이들은 자신만의 행동 기준 중 하나인 '집중'을 할 줄 안다.

예림은 입술을 깨물고 있었다. 무서울 만큼 심각한 모습과 물 풍선처럼 퉁퉁 부은 바보 같은 모습을 동시에 지닌 재미있는 아이다. 뭔가 잘 안 풀릴 때면 아랫입술을 깨무는 버릇이 있는데, 예쁜 얼굴에 깨문 자국이 며칠씩 남아 있을 때도 있다. 비치볼, 꼬마의 아빠, 극성맞은 관중 때문에 예림은 화가 났다. 예림과 얘기하고 싶었지만 지금은 좋은 때가 아니었다.

예림은 방금 경험한 일을 납득할 시간과 공간이 필요했다. 앞으로 적당한 때를 봐서 이 문제를 꺼낼 수 있을 것이다. 다저스 구단은 경기장 내 비치볼 반입을 금지하고 있었다. 경기를 관람하려는 사람들에게 방해가 되기 때문이다. 물론 경기장에서 최선을 다해 뛰고 있는 선수들에게도 예의가 아니다. 이 모든 상황이 사람들이 비치볼에 시선을 떼지 못하기 때문에 빚어진 일이라는 걸 아이들이 깨닫게 해야 한다. 텔레비전과 컴퓨터 화면, 휴대전화처럼 정신을 흩트리는 온갖 방해 요소가, 사람을 기만하고 무시하는 신조어가 있어야만 설명이 되는 행동들을 초래했다. 휴대전화에 대고 정신없이 떠들면서 뭔가 다른 일을 하려는 행동도 여기에 속한다. 간혹 이를 '멀티태스킹Multitasking'이라고 부르기도 하는데, 사실 대부분의 경우 무례함을 그럴싸하게 표현한 것에 지나지 않는다.

내야로 높이 뜬 공을 유격수가 잡아내고 땅볼이 2루수에게 잡히면서 2회 초 경기가 끝났다. 카디널스가 그대로 2점을 앞서 갔다. 아이들은 점수표를 기록하고 실점을 계산하느라 분주했다.

아이들은 느끼지 못했을 수도 있지만, 점수를 기록하는 것도 한 가지 일에 집중하는 능력을 키우는 방법이다. 통계를 기록하는 법을 배우면 보고, 듣고, 기록하는 능력을 키우는 데 도움이 된다. 과학자가 되려는 아이든, 화가가 되려는 아이든 이런 과정을 통해 필요한 기술을 배우는 것이다. 이런 아이들이 표준화 시험Standardized Test에서 좋은 점수를 받는 것이 다른 아이들보다 똑똑해서라고 생각하는 사람들이 있는데, 절대 그렇지 않다. 이 아이들이 문제 하나하나를 세심하게 뜯어보고 분석해서 가능한 모든 답을 찾아낼 수 있는 것은 집중하는 법을 배웠기 때문이다.

집중하는 법을 잃어버린 사회에서
아이를 키우려면

아이들은 자신만의 행동 기준을 발달시켜야 한다. 경기장 관중
석에서는 물론이고, 인생의 어느 상황에 처하든 군중심리에 맞
설 수 있을 만큼 강한 행동 기준을 키워야 한다.

공수 교대 시간이 되자, 화장실에 가려는 사람, 핫도그를 사려는 사람 등이 우르르 일어나면서 관중석은 더욱 혼란스러워졌다. 스무 살쯤 되어 보이는 한 청년이 숫자를 적고 있는 우리 아이들을 보더니 물었다.

청　년: 너희들 지금 뭐 하는 거니?

오스틴: 점수를 기록하고 있어요. 재밌거든요.

청　년: 그런 게 있다고 들었는데, 좀 보여줄래?

오스틴: 그럼요. 쉬워요. 각 포지션마다 숫자가 있어요.

청　년: 각 선수마다 번호가 있다는 얘기지?

오스틴: 아니요. 포지션이요. 투수는 1, 포수는 2, 1루수는 3……

청　년: 아, 너무 복잡하네. 동생에게 보여주려고 했거든. 도무지 내 말
　　　 은 듣질 않아서.

오스틴: 별로 어렵지 않아요. 잠깐만 보면 돼요. 얼마든지 보여줄 수
　　　 있는데.

청　년: 아니야, 됐어. 안녕.

참 심성 좋은 청년이었다. 아이들에게 친절했고, 동생 생각도 많이 하는 것 같았다. 하지만 2분이면 배울 수 있는 걸 복잡하다며 내키지 않아 했다. 어쩌면 정말로 배가 고팠거나 화장실이 급했을 수도 있지만, 청년의 말에는 그렇게 신경 써서 배울 가치는 없다는 듯한 뉘앙스가 배어 있었다.

오스틴이 나를 슬쩍 쳐다봤다. 과거에 이런 얘기를 수도 없이 했기 때문이다. 무언가 새로운 것을 배우려면 에너지가 필요하다. 집중해야

하고 배우려는 의지가 있어야 한다. 2회 말 다저스 공격이 시작되자, 아이들은 다음 타자가 누구인지, 점수가 얼마인지, 어떤 결과가 예상되는지 금방 알았다. 야구 전문가여서도 아니고, 천재여서는 더더욱 아니다. 그저 집중하고 주의하면 더 나은 삶을 살 수 있다는 사실을 터득했을 뿐이다.

집중력을 키워주는 도구들

아이가 한 손에는 리모컨, 다른 손에는 아이팟을 들고 컴퓨터 앞에 앉아 있는 걸 원하지 않는다면, 지금부터 소개하는 도구들을 아이의 책가방에 넣어주기 바란다.

라디오 데이

야구 점수를 기록하는 일은 시작일 뿐이다. 굳이 야구장을 찾을 필요 없이 집에서도 얼마든지 점수를 기록할 수 있다. 아이에게 집중하는 능력을 키워주고 싶다면 라디오를 듣고 점수를 기록하게 해보자. 눈에 의존할 수 없기 때문에 귀로 듣고 기록하면서 듣기 능력을 키울 수 있다. 이 기술을 잘 익혀두면 교실에서 필기하는 데도 유용하게 활용할 수 있다. 재미를 더하려면 가족과 함께 도리스 컨스 굿윈Doris Kearns Goodwin의 《내년까지 기다려Wait Till Next Year》를 읽고, 주인공이 어렸을 때 브루클린 다저스의 경기 점수를 기록하면서 아빠와 유대를 키우는 과정에 대해 이야기한다.

절대 지루하지 않은 보드게임

UCLA 농구 감독 존 우든John Wooden은 "발전은 항상 변화에서 오지만, 변화가 꼭 발전을 의미하는 것은 아니다"라고 말했다. 컴퓨터와 비디오 게임에 자주 빠지는 요즘 아이들을 두고 많은 전문가들은 컴퓨터와 비디오 게임이 아이의 집중력을 손상시킨다고 지적한다. 그러나 약삭빠른 기업들은 광고를 통해 이런 게임이 아이에게 좋다며 구매자의 시선을 사로잡는다. 바로 미국에서 말이다. '카멜'이라는 담배를 광고하면서 의사들이 가장 즐겨 피운다고 자랑스럽게 이야기하는 나라가 미국이다.

텔레비전은 시청자에게 최면을 걸어 반응 수준을 무디게 만든다. 어느 것에도 집중할 필요 없이 수동적으로 바라보게 만들기 때문이다. 컴퓨터 화면도 나을 게 없다. 컴퓨터에 달라붙어 많은 시간을 보내는 아이는 높은 수준에 도달하는 데 필요한 장기적 집중력을 키우지 못한다. 전자 게임에서는 져도 다시 시작하면 된다. 그래서 집중하지 않거나 일을 그르쳐도 바로잡을 수 있는 기회가 얼마든지 있다는 잘못된 생각을 갖게 되는데, 시험을 볼 때나 어려운 상황을 극복해야 할 때 벌어지는 일들은 게임과 전혀 다르다.

너무 빠지지만 않는다면 아이의 집중력과 주의력 향상에 도움을 주는 훌륭한 게임은 얼마든지 있다. 휘황찬란한 조명이나 음향은 없지만 집중력과 주의력을 키우는 데는 더없이 좋은 게임이다. 아이와 처음 보드게임을 할 때 추천할 만한 게임으로는 체커Checker, 백개먼Backgammon, 체스Chess 등이 있다. 이기고 지는 데 운은 따르지 않는다. 게임에 참여한 사람은 직접 자기 말을 움직이고 상대의 전략도 고려해야 한다.

이 게임들은 모두 장점이 있지만, 나라면 체스에 한 표 주고 싶다. 체스를 잘 두는 것은 색다른 경험이 될 수 있다. 아이에게 집중하는 법을 가르치는 데는 체스만 한 게임이 없다. 체스에 서툰 부모라면 아이와 함께 브라이언 바이필드Brian Byfield의《위대한 체스 선수도 모두 초보자에서 시작했다Every Great Chess Player Was Once a Beginner》를 읽어보길 권한다. 쉬우면서도 알차고 재미있는 책이다. 체스를 통해 웃을 수 있다는 사실도 놀랍겠지만, 바이필드의 삽화와 설명을 보면 누구나 웃음을 참지 못하고 금세 배울 것이다. 다채로운 그림에는 마음씨 좋은 늙은 주교가 신비로운 눈빛을 반짝이며 등장한다. 예복 밑으로는 인자할 것만 같은 주교가 게임 중에 살해한 불쌍한 인질들의 몸뚱이가 보인다. 여왕들은《이상한 나라의 앨리스Alice's Adventures in Wonderland》를 떠올리게 하는 포악한 전사다.

아이가 체스에 재미를 붙이면, 다음 단계는 학교나 지역사회에서 체스 클럽을 찾는 것이다. 자신만의 길을 걷고 있거나 집단적이고 순응적인 사고에서 벗어나려는 다른 아이들과 우정을 쌓을 수 있다. 정정당당한 경기 의식, 인내, 지속적인 발전은 어린 체스 마스터가 게임을 통해 얻게 될 장점이다.

체스를 즐기는 가족이라면 스티븐 자일리언Steven Zaillian 감독의 〈위대한 승부Searching for Bobby Fischer〉를 꼭 봐야 한다. 아쉽게도 진가를 제대로 인정받지 못한 이 보석 같은 영화는 수백 개에 이르는 다양한 출처의 영화평을 모아둔 로튼 토마토(www.rottentomatoes.com)에서 100퍼센트 지지율을 기록했다. 조시 웨이츠킨Josh Waitzkin의 실화를 바탕으로 만들어진 이 영화는 체스 신동 조시의 아버지가 아들의 행복을 내주어야 한다면 최고의 자리에 오르는 것도 의미가 없다는 걸 깨닫는 과정을 그리고 있다. 이 영화에서는 체스가 화면에 살아 나온다. 아이에게 체스라는 게임에 대한 흥미를 돋우고 그와 동시에 가치에 대한 교훈을 가르치는 방법으로 활용할 수 있는 훌륭한 영화다.

게임마다 개발할 수 있는 기술이 다르다. '마스터마인드Mastermind'는 매우 멋진 2인용 논리 게임으로, 한 사람이 네 가지 색의 조그만 단추를 보이지 않게 배열하고 다른 사람이 자기 차례가 올 때마다 그 배열을 추측해 맞추는 방식이다. 굉장한 집중력과 추리력을 요하는 이 보드게임은 1970년 이스라엘 우체국장이자 통신 전문가인 모르데카이 메이로위츠Mordecai Meirowitz가 발명했다. 단순하지만 게임 수준이 각각 다르기 때문에 아주 어린 나이부터 고등학생까지 모두가 즐길 수 있다. 배우는 데는 5분이면 충분하지만, 이 게임을 잘하려면 여러 해 동안 연습이 필요하다. 이 게임은 아이의 집중력 향상에 큰 도움이 된다. 특히 조합, 순열, 나아가 연산에 이르기까지 다양한 수학적·논리적 개념을 이해하는 데는 최고의 가이드라고 할 수 있다. 아이들은 이 게임을 굉장히 좋아한다. 가끔씩 부모와 함께 게임을 즐기면 꾸준히 움직여주어야 하는 뇌 근육을 더욱 강하게 만들 수 있다.

'스크래블Scrabble'도 일주일에 한 번씩 아이들과 함께 즐길 수 있는 좋은 게임이다. 문장력과 맞춤법 실력이 갈수록 떨어지는 요즘, 이 고전적인 낱말 맞추기 게임은 아이의 언어 능력을 크게 높여준다. 게임 결과에 관계없이 새로운 단어를 배우고 심리적 인내력을 키우게 된다. 스크래블 게임을 훌륭하게 해낸다면 읽기, 쓰기, 말하기 실력도 함께 향상될 것이다.

모형으로 떠나는 우주 탐험

홍수처럼 쏟아지는 복잡한 전자 게임에 익숙해지면 단순할수록 좋을 수 있다는 사실을 잊어버리기 쉽다. 요즘은 학교에서나 가정에서나 축척 모형을 활용하는 아이들이 거의 없다. 하지만 이 놀이는 아이의 발달에 굉장히 도움이 된다. 아이는 자동차, 배, 비행기, 집 같은 모형을 쌓으면서 지시 사항을 주의해서 읽고 따르는 법을 배운다. 수백 개의 작은 조각들이 하나의 전체를 완성하는 과정은 우주 자체의 근본을 탐험할 수 있는 영감을 준다. 미래의 공학 박사와 화학 박사는 만드는 즐거움을 깨달을 때 탄생한다.

모형 만들기로 얻을 수 있는 것은 역사를 평가하고 조상이 이 나라를 어떻게 세웠는지를 생각하는 기술이다. 아이는 메이플라워Mayflower호나 헨리 포드Henry Ford의 오리지널 자동차 모델 T의 모형을 조립하면서 교과서에서는 결코 배울 수 없는 깊은 이해심으로 역사를 평가한다. 요즘은 모형 공작 전문점을 찾기 힘들기 때문에 인터넷에서 모형을 구매하는 쪽이 좀 더 빠를 것이다. www.hobbylinc.com, www.revell.com, www.ehobbies.com 같은 사이트에서 미래 건축가에게 영감을 줄 다양한 모형을 찾을 수 있다. 여러 아이들이 함께 지시 사항을 보면서 하나의 작품을 만들면 말하고 듣는 방법도 익힐 수 있어서 굉장히 유용하다.

만우절 시험

만우절 시험은 그리 색다른 아이디어는 아니다. 많은 교사가 학생들을 가르치면서 한 번쯤은 해봤을 법한 것이다. 가정에서도 재밌게 할 수 있는 이 만우절 시험은 나이에 상관없이 주의를 기울이고 지시 사항을 잘 따르는 것이 얼마나 중요한지를 가르칠 수 있는 재미난 방법이다. 교사 역시 이 시험으로 큰 효과를 얻을 수 있다. 학생이 많이 참여할수록 시험이 끝나고 터지는 웃음은 더욱 커지기 때문이다.

4월 1일, 자녀에게 표준화 시험이 곧 시행될 것임을 상기시키고 시험 준비를 위해 간단한 예비 시험을 보겠다고 말한다. 그리고 평소처럼 차분하게 행동하면서 이 예비 시험은 그저 재미로 치르는 것이라고 일러준다. 이 시험은 곧 치르게 될 진짜 시험을 위한 준비 과정이므로, 지시 사항을 잘 읽고 시험 중에는 말하지 말며 문제를 다 풀면 시험지를 걷어 채점할 때까지 조용히 있으라고 주의를 준다.

여기서 핵심은 이 시험이 속임수라는 것이다. 빽빽하게 다섯 줄 정도로 지시 사항을 적고, 그 아래에 숫자를 매긴 문제들을 추가한다. 아이들은 대부분 문제를 빨리 풀 생각에 지시 사항을 무시하고 바로 첫 번째

리모컨과 마우스를 멀리하게 되는 집중력 향상법 1

- 라디오의 야구 경기 중계를 듣고 그 점수를 기록하게 해보자. 듣기 능력을 키우면 수업 시간의 필기 능력도 자연스럽게 길러진다.

- 집중력에 해가 되는 텔레비전, 컴퓨터 게임을 대체하는 데는 보드게임만 한 것이 없다. 주의력과 인내심, 논리력이 동시에, 그것도 재미있게 습득된다.

- 자동차, 배, 비행기, 집 등의 모형 만들기에 주목하라. 집중력을 넘어 역사와 문화에 관심을 갖는 계기가 된다.

문제로 건너뛴다. 지시 사항은 다음과 같은 식으로 적어야 한다.

> 이 시험은 지시 사항을 얼마나 잘 따르는지 확인하는 시험입니다. 주어진 시간이 15분뿐이니 신속하게 문제를 풀어야 합니다. 시작하기 전에 시험지의 모든 문제를 꼼꼼하게 읽습니다. 25개 문제를 모두 읽으면 연필을 놓고 책을 읽습니다. 최선을 다해 문제를 풀어주세요. 행운을 빌겠습니다.

많은 아이들이 시작하기 전에 시험 문제를 모두 읽으라는 세 번째 문장을 지나치기 일쑤다.

1. 이름을 적으세요.
2. 지금 살고 있는 도시의 이름은 무엇입니까?
3. 생일은 언제입니까?

지금까지는 좋다. 학생들은 아무 생각 없이 첫 번째 문제의 답을 적는다. 형식이 너무나 빤해 보이기 때문이다. 4번 문제에 이르면, 지시 사항이 우스꽝스러워도 아이들이 그대로 따르는지 확인한다.

4. 오른쪽 신발을 벗어서 책상 위에 놓으세요.
5. 일어서서 동쪽을 바라보고 다음 문장을 크게 외치세요.
   "난 킹콩과 고질라를 좋아한다."
6. 형제와 자매는 몇 명입니까?

아무리 엉뚱한 지시 사항을 적어놓아도 시키는 대로 하는 학생이 얼마나 많은지를 보면 그저 놀라울 따름이다. 시험지 사이사이에 엉뚱한 지시 사항을 몇 가지 섞어두자. 다만 평범한 질문들을 놓아 아이들이 계속 추측하게 만들어야 한다. 가장 재미있는 부분은 마지막 문제다.

> 25. 앞 24개 문제 중 어느 것도 풀지 마십시오. 시험지에 아무것도 적지 말고 연필을 놓은 다음 조용히 기다립니다. 혹시 여러분이 바로 만우절의 바보가 되진 않았나요?

지시 사항을 주의 깊게 읽기만 했어도 이 모든 우스꽝스러운 상황을 피할 수 있었다는 사실을 깨달은 아이들은 웃음을 터뜨린다. 좋은 의도로 잘만 만들면 누구의 기분도 상하게 하지 않고 값진 교훈을 줄 수 있다. 또 속임수에 넘어가지 않은 학생들은 집중력을 검증받은 셈이니, 속은 학생에게도 속지 않은 학생에게도 모두 득이 되는 체험이다.

경계심을 키워주는 문학

미국 에세이 작가이자 소설가인 찰스 더들리 워너Charles Dudley Warner는 "경계심이 필요 없는 일로 독서만 한 게 없다"라고 썼다. 재미로 글을 읽는 아이는 숙제로 내준 책만 읽거나 책을 거의 읽지 않는 다른 아이들에 비해 열정과 인내를 갖고 집중한다. 최근 많은 가족이 독서 모임을 시작했다는 점은 참으로 고무적이다. 케이티와 애니라는 멋진 두 딸을 둔 패서디나 시의 메리 올든 씨는 몇 해 전 몇몇 가족이 함께 모여 책을 읽는 독서회를 시작했다. 이들은 우수한 문학 작품을 선별해서 읽고 일주일에 한 번씩 모여 토론한다.

이런 가족 독서회에서 책은 학교 숙제를 위해 읽거나 이력서를 채우려고 읽는 게 아니다. 독서는 그저 정신적·정서적 풍요로움을 주는 오락거리일 뿐이다. 시간을 따로 쪼개 책을 읽는다는 것이 불필요해 보일지도 모르지만, 요즘은 그 어느 때보다 독서가 중요하다. 꽤 많은 학군에서 재미를 위한 독서를 사실상 금지했다는 점은 충격이 아닐 수 없다. 특히 초등학교에서는 출판사와 계약을 맺고 독서지도사를 활용해 독서를 가르치는 경우가 많은데, 계약에는 다른 출판사 책은 모두 제외한다는 내용이 포함되어 있다. 그런가 하면 '읽기·쓰기 지도사'라는 사람을 교실로 데려와 독서를 지도하게 하는 교사들도 있는데, 놀라우면서도 실망스럽기 그지없는 이런 일은 미국의 거의 모든 학교에서 이루어지고 있다. 학군이 정한 진부한 교재를 사용하지 않는 데 따른 문책을 피하기 위해 많은 교사가 위대한 작품을 몰래 숨어서 학생들과 읽고 있다.

자녀에게 더 많은 것을 주고 싶은 부모라면 자신의 손으로 문제를 해결해야 한다. 즐거움을 위한 독서는 미술 과제에서 과학 실험에 이르기까지 다양한 과목에서 아이가 실력을 발휘할 수 있도록 도움을 준다. 정해진 시간 외에 책을 읽고 친구들과 함께 내용에 대해 이야기를 나누는 과정은 집중력을 키우는 데 더없이 좋은 연습이다.

초등학생에게 재미와 자극을 함께 줄 수 있는 장르로는 추리소설이 제격이다. 수수께끼를 해결해야 하기 때문에 책 내용을 샅샅이 파헤쳐 단서를 찾아야 한다. 아이와 함께 읽기 좋은 추리소설로는 뉴베리 상Newbery Medal을 받은 엘렌 라스킨Ellen Raskin의 《웨스팅 게임The Westing Game》이 있다. 기만과 유머로 가득 찬 이 소설은, 똑똑하지만 제멋대로인 10대 주인공 터틀 웩슬러가 2억 달러를 상속받기 위해 미궁에 빠진 살인 사건을 해결하는 내용이다. 터틀이 수수께끼를 풀기 위해서는 집중을 해야 한다. 그러므로 자연스럽게 글을 읽는 아이도 마치 자신이 주인공인 양 터틀을 따라 한 발짝 한 발짝 앞으로 나아가게 된다.

10대에는 J.D. 샐린저Jerome David Salinger의 걸작 《호밀밭의 파수꾼The Catcher in the Rye》을 꼭 읽어야 한다. 10장에는 홀든 콜필드가 우울한 기분에 나이트클럽에 갔다가 자칭 '3인의 마녀'라는 다른 도시 소녀들과 춤을 추는 지독하게 웃기면서도 슬픈 장면이 나온다. 홀든은 셋 중 가장 매력적인 소녀와 춤을 추면서 대화를 해보려고 하지만, 소녀는 목을 쭉 빼고 영화 배우를 쳐다보기에 여념이 없다. 홀든이 뭐라고 말할 때마다 소녀는 "뭐?"라는 반응을 보인다. 씁쓸하면서도 웃기는 광경이다. 급기야 홀든은 빈정대며 소녀에게 대화를 참 잘한다고 말한다. "뭐라고?" 소녀가 대답한다. 어린 학생들이 이 책을 읽으면서 재미있어 죽겠다는 듯 낄낄대는 모습을 보는 것도 꽤 즐거운 일이다. 학생들은 홀든의 모습에 웃기도 하지만 자기 자신의 모습에 웃기도 한다. 아이팟의 세계에 빠진 친구와 대화를 나누려다 화가 난 경험이 누구에게나 있기 때문이다. 많은 아이들이 집중하는 방법을 잊어버리거나 배우지 못한 학교에서 "뭐?"는 너무나 익숙한 반응이다.

테베(고대 그리스의 도시_옮긴이)의 도서관 입구에 붙은 현판에는 "영혼을 치유하는 곳"이라는 글귀가 새겨져 있다. 문학은 즐거움이 되어야 하고 아이의 하루하루 삶의 일부가 되어야 한다. 함께 독서회에 참여하거나 밤에 아이와 책을 읽을 때는 마크 트웨인이 했다는 말을 잊지 말자.

"좋은 책을 읽지 않는 사람은 글을 읽을 줄 모르는 사람보다 나을 게 없다."

밴드 활동을 하라

교육에 관심이 많은 학부모들에게 아이의 집중력 향상을 돕기 위해 할 수 있는 일이 무엇이냐고 물으면 하나같이 똑같은 조언을 한다. 바로 도서관 카드와 악기를 주라는 것이다. 음악을 배워서 얻을 수 있는 이점은 셀 수 없이 많지만, 여기서는 집중력이라는 문제에만 초점을 맞추겠다.

악기를 다루는 아이는 다른 수업에서는 찾아볼 수 없는 무언가를 얻는다. 바로 즉각적인 피드백이다. 아이는 머릿속에서 멜로디를 듣는다. 어떤 소리를 내야 하는지를 뇌에서 알고 있다는 얘기다. 음표 하나를 잘못 연주하면 금세 실수가 드러난다. 다른 수업 시간에는 그렇지 않다. 수학 문제를 잘못 풀고 똑같은 실수를 수없이 되풀이한 후에야(어떤 경우에는 잘못된 풀이 방법을 암기하기도 한다) 교사나 부모가 잘못을 짚어주는 일이 많기 때문에 그만큼 잘못을 바로잡는 데 시간이 걸린다. 반면에 음악의 경우 아이는 어른이 옆에서 짚어주지 않아도 잘못 연주했다는 것을 알아차릴 수 있다. 이처럼 귀를 통해 바로 알 수 있기 때문에 아이는 집중해서 바른 소리를 낼 때까지 틀린 부분을 다시 연주하게 된다.

CD를 가지고 연습하면 타이밍과 음조를 향상시키는 데 도움이 된다. 우리 반 초보 기타리스트들은 안토니오 비발디의 협주곡 D 제2악장을 배우는데, 각 학생에게는 악보뿐만 아니라 전문가의 연주가 녹음된 CD를 나누어 준다. 매일 밤 전문가와 함께 연주하면서 집중력을 끌어모으면 초보 연주가도 곧 전문가와 같은 소리를 내게 된다.

한 가지 팁을 추가하자면, 아이가 충분한 실력을 쌓은 후에는 다른 사람과 함께 연주하는 법을 배워야 한다. 어린 음악가들은 모두가 똑같은 곡을 연주하는데도 사람마다 타이밍과 음정이 제각각이라는 사실을 발견한다. 자기 방에서는 멋지게 들리는 곡도 열두 명이 함께 연주하면 그만큼 멋지게 들리지 않을 수 있다. 모두가 똑같은 마음과 정신으로 연주할 수 있을 때까지 서로를 쳐다보면서 다른 사람의 연주에 귀를 기울여야 한다. 집중력이 충분히 향상되어 열두 명의 연주가 마치 한 명이 연주하는 것처럼 들릴 때 음악의 아름다움과 아이들의 행복은 훨씬 커진다.

게시판에 그림이 걸리는 순간
현명한 부모와 조언가는 아이가 하고 싶은 것을 하도록 독려한다. 아이에게 큰 꿈이 있는 것도 좋지만, 세세한 부분까지 날카롭게 주의를 기울이지 않는다면 그런 꿈은 좀처럼 실현되지 않는다. 붓과 스케치북은 아이의 집중력을 한 단계 높이는 좋은 도구가 될 수 있다. 각 지방 박물관이나 도서관에서 주말마다 진행하는 미술 수업을 활용하면 좋다. 아이가 미술의 재미에 빠지면 그 보상은 그림이 걸린 뒤 몇 년 동안 계속될 것이다. 이는 아이가 과제를 집중력 있게 수행해야 하는 중요성을 이해할 수 있도록 만들어주는 또 하나의 활동이자, 더 나아가 아이에게 중요한 기회가 된다. 미술은 문을 열어줄 수 있지만 열린 문으로 걸어 들어가는 것은 아이의 몫이다.

조애너는 워낙 새로운 시도를 즐기는 고등학생이었던지라 도예 수업을 신청했다. 그리고 진흙의 감촉을 처음 느끼는 순간 진정한 사랑을 찾았다. 조애너는 여러 과목에서 늘 상위권에 드는 학생이었는데, 특히 프랑스어를 아주 좋아했다. 그런데 처음 도기를 접한 순간 전에 없던 열정이 깨어난 것이다. 미술 작품으로 경력을 쌓을 생각을 해본 적이 없었는데도 평생 도예가로 살아가리라는 걸 그 자리에서 깨달았다.

조애너는 밤늦게까지 학교에 남아 작업할 수 있도록 수위 아저씨에게 부탁했고, 어떤 날은 11시가 넘어서까지 학교에 남았다. 학생들이 학교에 있는 시간에는 너무 시끄럽다는 게 조애너의 설명이었다. 다른 아이들은 공부하거나 숙제할 때 음악을 크게 틀어놓거나 친구들과 이야기를 나누었지만, 조애너는 조용한 걸 좋아했다. 천성이 어울려 노는 걸 좋아하고 친구들에게도 늘 쾌활했지만, 작품을 만들 때만큼은 조용하길 원했다. 하루가 일주일이 되고 일주일이 한 달이 되면서 조애너는 진정한 재능을 개발해 냈다. 작품이 주목을 끌어 상까지 받게 된 것이다.

그해가 끝날 무렵 학교는 뛰어난 잠재력을 지닌 미래의 작가들이 출품한 작품으로 전시회를 열면서 특히 주목할 만한 학생 열 명을 선발했다. 우수한 재능을 가진 열 명 모두 너무나 아름다운 작품을 만들었다. 하지만 조애너만큼 집중력을 발휘한 학생은 없었고, 이것이 큰 차이를 가져왔다. 조애너의 작품은 입이 떡 벌어질 만큼 훌륭했다. 뉴욕 메트로폴리탄 미술관의 선물 가게에서나 구입할 수 있을 법한 작품 같았다.

멋진 전시회였지만, 나머지 아홉 명의 학생들에게는 조금 미안한 생각이 들었다. 모두가 조애너의 작품 주위로만 몰려들었고, 예사롭지 않은 조애너의 작품에서 눈을 떼지 못했다. 조애너의 집중력이 관람객의 집중력까지 끌어낸 셈이다.

그렇다고 조애너가 기계처럼 작품을 만드는 데만 매달렸다고는 생각하지 않길 바란다. 예전부터 조애너는 괴짜 같은 구석이 있었다. 아침에 일찍 일어나는 것이 싫어서 밤에 교복을 입은 채 잠을 자곤 했다. 잠에서 깨면 곧장 학교에 갈 수 있게 말이다. 어딘가 이상하면서도 굉장히 그럴듯한 농담으로 사람들을 놀리기도 했다. 하지만 어렸을 때는 체스도 두고, 스크래블도 즐겼으며, 모형도 쌓았다. 가장 잘 다루는 악기는 클라리넷이었지만 취미 삼아 기타를 치기도 했다. 조애너는 이 모든 것들을 여러 해 동안 책가방에 넣고 다녔다. 그렇게 집중하며 보낸 시간들이 모여 남들과 다른 예술 작품을 만들 수 있는 놀라운 집중력을 기르게 된 것이다.

지금 조애너는 브라운 대학에 다니고 있다. 여름 한 철을 프랑스에서 공부하면서 보냈는데, 오전에는 프랑스 가족과 요리를 하고 오후에는 와인을 실컷 마셨으며, 때로는 프랑스 곳곳을 돌아다니기도 했다. 그리고 밤이면 리옹의 조그마한 작업실에 처박혀 도자기 바퀴를 열심히 굴리며 세상을 조금 더 아름답게 만들려고 노력했다.

리모컨과 마우스를 멀리하게 되는 집중력 향상법 2

- 만우절 시험으로 집중력을 테스트해 보자. 지시 사항을 읽지 않고 시험을 풀다 엉뚱한 문항들을 만나 당황한 아이와 집중력에 대해 이야기를 나눠보자.

- 필독도서, 독서지도 등에 집착하지 말라. 단순히 '즐거움'을 위한 독서도 필요하다. 가족 독서 모임을 만들어 아이와 함께 책과 이야기에 집중해 보자.

- 악기를 연주하면 아이는 집중력을 보일 수밖에 없다. 틀린 소리로 즉각적인 피드백을 받기 때문이다.

- 미술을 잘하게 되어 게시판에 걸리면 더 잘하고 싶어서 집중력을 발휘하게 된다. 이것도 하나의 방법이다.

다저스가 득점하지 못해 다저스 팬에게는 아쉽게 됐지만, 초보 득점 기록원들에게는 그것도 좋았다. 타자가 대부분 출루하지 못한 탓에 이번 회 경기 내용을 되짚어보기가 쉬웠기 때문이다. 아이들이 멋진 시간을 보내고 있다는 걸 한눈에 알 수 있었다. 하지만 예림은 여전히 입술을 깨물고 있었다. 나서지 말라고 나 자신을 다그쳤다. 혼자 내버려둬도 충분히 상황을 이해할 수 있을 테니까, 꼭 오늘 밤에 모든 일을 바로잡아야 하는 건 아니니까…….

갑자기 예림이 다음 회가 시작하기 전에 잠시 자리를 비워도 되겠느냐고 물었다. 통로를 내려가 경기장을 찍고 싶다며 조그만 가방에서 사진기를 꺼냈다. 사진기를 가져왔을 줄은 미처 생각지도 못했다.

예　림: 잠깐만 저기 내려가려고요. 금방 돌아올게요. 제시카, 같이 가자.

레이프: 예림! 굉장한데! 언제 사진작가가 된 거니?

예　림: 지난주 도서관에 가서 이 책을 보았는데 너무 마음에 들어요. 좋은 사진을 찍는 팁이 아주 많이 나와 있거든요. 아직 다 보지는 못했는데 좋은 사진작가가 되려면 한 가지만 기억하면 된다고 했어요. 그래서 한번 시험해 보려고요.

레이프: 그래. 대신 둘 다 조심하고.

통로를 내려가는 둘을 계속 지켜봤다. 다행히 경기장은 아직도 많이 비어 있어서 계단을 내려가기가 어렵진 않았다. 예림과 제시카는 사진을 몇 장 찍더니 자리에 돌아와 앉았다. 무엇보다 예림이 더 이상 입술을 깨물지 않았다. 나는 묻지 않을 수 없었다.

레이프: 예림아.

예　　림: (3회 점수를 기록할 준비를 하면서) 네?

레이프: 아까 얘기한 한 가지가 뭐지? 사진작가가 기억해야 한다던?

예　　림: "더 가까이 다가가라."

　자주 맞닥뜨리는 상황이지만, 이번에도 내가 틀렸다. 비치볼 사건이 이 꼬마 소녀의 활기를 빼앗아갔다고 생각하고 마음속으로 며칠 있다가 기운을 북돋을 이야기를 짜내고 있었다. 그런데 걱정할 필요가 없었다. 예림은 '살면서 지킬 기준'에 하나를 더 추가했다. 집중하고 더 가까이 다가가면서 비치볼 같은 산만한 상황은 무시하는 능력을 갖게 된 것이다.

3회
치명적인 **화면의 유혹**
탐구심 ＼

아이를 키우면서 이보다 어려운 일이 있을까? 바로 '화면의 유혹에서 아이 구하기'이다.
요즘 학부모나 교사를 보면 텔레비전의 유해성은 알고 있는 듯하지만,
아이의 재능에 치명적인 습관을 고칠 노력은 충분히 하고 있지 않다.
단순히 텔레비전을 없애거나, 아이가 몰래 텔레비전을 볼 때마다 윽박을 질러서는 안 된다.
중요한 것은 '아이 스스로 텔레비전을 끄게 만드는 것'이다.

3회가 곧 시작될 참이었다. 앞서 나가는 카디널스는 점수 차를 더 벌리려고 할 것이다. 해는 졌지만 로스앤젤레스의 기분 좋은 여름 저녁은 그대로 이어졌다. 티셔츠 차림의 아이들도 편안해 보였다. 휴식 시간에 관중들은 귀청이 떨어질 듯한 볼륨으로 텔레비전 광고를 쏟아내는 왼쪽 담장 위 거대한 스크린에서 눈을 떼지 못했다.

1962년 작 영화 〈맨츄리안 캔디데이트The Manchurian Candidate〉에서 하사관 레이먼드 쇼는, 평범한 수준을 넘어서길 바라는 모든 아이가 두고두고 새겨야 할 의미심장한 말을 남긴다.

"세상에는 절대로 타협할 수 없는 두 부류의 인간이 있다는 사실을 알고 있나? 한쪽은 방에 들어가면 자동으로 텔레비전을 켜는 사람들이고, 다른 한쪽은 방에 들어가면 자동으로 텔레비전을 끄는 사람들이지."

부모들이여, 텔레비전이 아이의 재능을 죽이고 있다.

지나친 일반화의 오류라고 생각할지도 모른다. 하지만 《우리 읍내》에서도 죽은 자들이 말을 꺼내려 할 때 무대감독이 관객에게 이런 경고를 한다.

"그들이 하는 말이 상처가 될지도 모릅니다만, 그게 진실이고 현실입니다."

아이가 텔레비전을 너무 오래 보면 안 된다는 것쯤은 누구나 알고 있을 것이다. 그런데도 실제로 아이들은 오랜 시간을 텔레비전 앞에서 보내고 있으며, 아이의 재능에 치명적인 이런 습관을 고칠 노력은 충분히 하지 않고 있다.

3회 초 카디널스 타자가 타석에 있을 때 몇몇 사람이 그때서야 도착해 비어 있던 우리 앞자리에 앉았다. 무시하려야 무시할 수가 없었다. 늦게 들어온 데다 자꾸 자리에서 일어나 누가 어디에 앉을지를 두고 옥신각신했다. 샌디에이고의 펫코파크나 휴스턴의 미니트메이드파크 같은 구장에서는 다른 관중에 대한 예의로 입구에 안내원을 배치해 타자가 타석에 선 동안은 입장객이 관중석에 들어가지 못하도록 정중하게 요청하는 정책을 펴고 있다. 타자가 바뀔 때까지 기다려달라는 것이다. 관중 스스로가 이런 규칙을 지키면 좋겠지만 그런 일은 불가능하기 때문에 많은 구장이 시간을 들여 타인을 배려해야 한다는 사실을 상기시키는 것이다. 하지만 오늘 다저스 구장에는 그런 정책이 없었다. 결국 아이들은 시야를 가리고 서 있는 앞 사람들 때문에 경기 상황을 파악하려고 전광판을 봐야 했다.

늦게 들어온 사람들은 20대 후반이나 30대 초반쯤의 남자 넷과 네다섯 살쯤 되어 보이는 아이 하나였다. 꼬마 아이는 휴대용 게임기를 들고 있었고 통로 쪽에 앉았다. 고개를 푹 숙이고 화가 난 듯 버튼을 눌러대는 아이는 주변에서 일어나는 일을 전혀 의식하지 못했다. 동물원에 있건 야구장에 있건 아이에겐 별 차이가 없었을 것이다. 오로지 게임기의 작은 화면만이 중요했다. 세자르는 꼬마를 보더니 나를 힐끔 쳐다보면서 눈을 치켜떴다. 세자르 부모님은 텔레비전을 보거나 게임을 하는 시간을 엄격히 제한했고, 세자르도 부모님이 왜 그렇게 완고한지 이해했다. 그래서 다른 부모가 왜 아이의 삶을 게임기 화면에 내맡기는지 알 수 없었던 것이다.

인터넷을 검색하면 이런 문제와 관련해 전 세계의 어린이 잡지에 실린 기사를 어렵지 않게 찾아볼 수 있다. 통계 자료는 나라마다, 잡지마다 조금씩 다르겠지만 결과는 모두 같다. 지나친 텔레비전 시청은 해로우며, 특히 어린아이에게는 더욱 그렇다는 것이다.

대부분의 전문가는 아이들이 하루에 예닐곱 시간 동안 컴퓨터를 하거나 텔레비전을 보는 데 쓴다고 지적한다. 오늘날 70퍼센트의 아이들이 자기 방에 텔레비전을 갖고 있는데, 이 아이들은 방에 텔레비전이 없는 아이들보다 표준화 시험에서 언어 점수와 수학 점수가 7~9점 정도 낮다는 사실이 연구를 통해 밝혀졌다. 텔레비전 시청 증가와 대학 졸업자 비율 감소 사이에도 직접적인 상관관계가 있다고 한다. 무서운 통계는 여기서 그치지 않는다. 미국 가정의 절반 이상이 보는 사람이 없는데도 텔레비전을 켜놓는다. 텔레비전이 끼치는 악영향은 사회적·경제적 계층을 구분하지 않는데, 부유한 가정의 아이들도 가난한 아이들만큼 피해를 입는다는 뜻이다. 텔레비전은 공평하게 기회를 박탈한다.

물론 양질의 텔레비전 프로그램도 있다. 역사 채널은 굉장히 유익하다. 요리 채널, 다큐멘터리, 우수한 드라마에도 좋은 내용이 많다. 미취학 아동에게 교육적으로 훌륭한 프로그램을 보여주면 저학년 때 좋은 성적을 낸다는 증거를 내놓는 사람들도 있다.

그러나 대부분의 텔레비전 프로그램은 능동적인 참여나 주의 깊은 시청을 유도하지 않는다. 아이를 새로운 생각에 눈뜨게 해줄 훌륭한 다큐멘터리가 하나 있다면, 채널을 돌리는 수고만 하면 볼 수 있는 리얼리티쇼, 저질 드라마, 연예 정보 프로그램은 10여 개씩 있다. 광고 얘기는 꺼내지도 말자. 아이에게 알아서 프로그램을 골라 보게 한다면 이것이야 말로 재앙으로 가는 지름길이다. 확률을 따져볼 때 보석 같은 프로그램 보다는 저질 프로그램을 시청할 가능성이 훨씬 높다.

그러니 일부 긍정적인 면에도 불구하고 분명한 것은, 아이들이 성장과 발전을 저해하는 일에 빠져 하루 일곱 시간을 소비한다는 사실이다. 이제 문제는 이 악순환을 멈출 방법을 찾는 것이다. 아이를 키우면서 이보다 어려운 일도 없다. 텔레비전의 힘은 무시무시하다. 대통령은 알아보지도 못하면서 넋 놓고 바라본 텔레비전 광고 음악은 서른 개나 외워 부를 수 있다. 빅 브라더Big Brother(정보 독점으로 사회를 통제하는 관리 권력, 또는 그런 사회 체계를 일컫는 말_옮긴이)는 아이들을 그저 감시만 하는 게 아니라 아이들의 마음을 멋대로 휘두르고 있다.

아이를 키우다 보면 누구나 '화면'의 파괴적인 잠재력을 목격한다. 나는 정기적으로 학생들을 데리고 오리건 주 애슐랜드에서 열리는 셰익스피어 축제에 간다. 연극에 참여하고 연극을 배우는 등 멋진 시간을 보내기에 더없이 환상적인 곳이다. 보통 50명쯤 되는 우리 연극반 아이들은 이 행사에 참가하는 영광을 누리기 위해 1년 동안 공부한다. 아이들은 연극과 함께 수영, 독서, 축구를 즐기며 열흘 동안 애슐랜드에 머무른다. 이 특별한 여행을 하던 중 이런 일이 있었다. 많은 아이들이 연극 〈오셀로Othello〉를 관람하기 위해 일정을 짰고, 다른 아이들은 자유 시간을 가졌다. 몇몇은 지역 공원에서 열리는 축구 시합에 참가했고, 다른 몇몇은 수영장에서 바람을 쐬고 일광욕을 하면서 《이상한 나라의 앨리스》를 읽었다. 마이클이란 아이는 호텔 방에서 텔레비전을 보기로 했다.

잠자리에 들기 전, 학생들은 매일 밤 갖는 모임에 참석해 그날 있었던 일을 얘기했다. 우유와 쿠키를 앞에 두고 〈오셀로〉의 장점에 대해 토론했다. 아주 멋진 작품이란 의견이 대부분이었다. 몇몇 아이들은 데스데모나의 연기가 마음에 들지 않았지만 그래도 작품은 좋았다고 말했다.

축구를 했던 아이는 그날 있었던 재미난 사건을 말해주었고, 여자아이들은 수영장에서 한눈에 반한 안전요원을 두고 킥킥거렸다. 마이클이 방에서 세 시간 동안 텔레비전을 봤다고 얘기했을 때 나는 마이클에게 무엇을 봤는지 물었다. 그런데 마이클은 자기가 본 프로그램의 제목도 말하지 못했고 어떤 내용이었는지도 설명하지 못했다. 마이클은 당황했고, 그 모습을 보니 안타까웠다.

25년이 넘는 세월 동안 수천 명의 학생을 가르치면서 교실에서 일정하게 나타나는 패턴을 목격했다. 한 가지는 어느 반에나 실력만큼 성적을 못 내는 학생들이 있다는 것이다. 모두가 학교에 잘 나오는 착한 아이들이고 특별히 수업을 방해하거나 심술궂은 것도 아니지만 성적이 부진했다. 비슷한 수준의 친구들이 수학을 100점 받을 때 70점 정도밖에 받지 못했는데, 이는 비단 수학 과목에만 해당되는 얘기가 아니었다. 이런 아이들은 거의 예외 없이 컴퓨터 게임을 하거나 텔레비전을 보면서 많은 시간을 보낸다. 자신의 무궁무진한 가능성을 발휘하지 못하는 아이들의 공통분모가 바로 '화면'인 것이다.

셰익스피어를 공부하면서 몇몇 전문가에게서 비극이란 단순히 나쁜 것이 아니라 좋게 되었어야 마땅한데 나쁘게 된 것이라는 얘기를 들은 적이 있다. 햄릿이 죽을 때 우리가 눈물을 흘리는 것은 그가 너무나 멋진 왕자이며, 훌륭한 왕이 될 수도 있었기 때문이다. 그러니 텔레비전의 파괴적인 힘에 '비극'이란 딱지를 붙인다 해도 과장은 아니리라. 이렇게 기가 막힌 결과들을 보면 아이들이 화면의 유혹에 빠지는 걸 막기 위해서 무슨 짓이라도 하겠다는 부모와 교사의 마음을 이해할 수 있다.

기회와 가능성을 없애는 텔레비전

텔레비전이 끼치는 악영향은 사회적·경제적 계층을 구분하지 않는다. 텔레비전은 공평하게 기회를 박탈한다. 자신의 무궁무 진한 가능성을 발휘하지 못하는 아이들의 공통분모는 언제나 어 김없이 '화면'이었다.

내가 아는 교사 중에 빈민가 교육 프로젝트에 참여했던 성실한 청년
이 있었다. 교사로서 필요한 자질은 모두 갖춘 사람이었다. 밝고 열정적
이며 배려심 많고 변화를 만들기 위해 애썼다. 어느 해인가 그는 5학년
학생 한 명이 숙제를 단 한 번도 낸 적이 없다는 사실을 알게 됐다. 매일
아침 숙제를 낼 때가 되면 이 꼬마 숙녀는 졸린 눈으로 숙제를 못했다고
우물거렸다.

그는 할 만큼 했다는 판단이 들었다. 집에 전화를 걸고 편지를 보내
도 아무런 진전이 없었다. 어느 날 저녁 6시, 그는 아이가 사는 아파트
를 찾아가 문을 두드렸다. 어머니가 문을 열었을 때 텔레비전 앞에 접
시를 들고 앉아 화면에 빠져 음식을 먹는 아이의 모습을 보고도 그는
놀라지 않았다.

그는 어머니에게 아이가 다른 학생들보다 뒤처져 성적을 높여야 한다
고 설명했다. 어머니는 이 아이가 텔레비전을 매일 새벽 2시가 다 되도
록 본다고 말했다. 놀라움을 표시하기도 전에 어머니는 단념했다는 듯
손을 들고 말했다.

"어떻게 해야 하죠?"

그는 온갖 올바른 방법을 다 일러주었다. 어머니에게는 텔레비전을
끌 권한이 있으며, 최소한 아이가 숙제를 끝낸 다음에 텔레비전을 보게
해야 한다고 설명했다. 어머니는 그렇게 하겠다고 약속했지만 다음 날
도, 그다음 날도 아이는 숙제를 해오지 않았고, 그는 다시 집을 찾아갔
다. 어머니에게 왜 약속한 대로 하지 않았느냐고 나무랐지만 똑같은 대
답이 돌아왔다.

"제가 할 수 있는 건 아무것도 없어요."

"그렇다면……." 헌신적인 교사는 말했다. "제가 할 수 있는 일이 하나 있지요."

그는 이렇게 말하더니 텔레비전을 가져가 버렸다. 농담이 아니다. 그는 정말로 집에 들어가 텔레비전을 들고 나와 버렸다.

진심으로 아이들을 가르치는 사람이라면 이 터무니없는 행동 이면의 열정과 감성을 사랑해야 한다. 여러 가지 면에서 이 교사의 기발함을 칭찬하고 싶을 것이다. 그러나 그냥 웃음으로 넘겨서는 안 된다. 그런 행동이 이해는 가지만 좋은 가르침은 아니기 때문이다. 그것은 사실 가르침이 아니라 괴롭힘이다.

아이를 가르치는 궁극적인 목표는 '아이 스스로 텔레비전을 끄게 하는 것'이다. 알코올 중독자나 골초에게서 술병이나 담배를 빼앗을 순 있지만 그것은 치료가 아니다. 게다가 텔레비전의 위험성은 간단히 없앨 수 있는 게 아니다. 텔레비전은 어디에나 있고, 그것이 엄연한 현실이다. 진짜 도전은 아이에게 텔레비전이 '왜' 잠재력을 빼앗는지 가르쳐주고, 스스로 결정하게 만드는 것이다. 앞서 다룬 다른 기술처럼 이 기술도 오랜 시간이 걸린다. 아이의 책가방에 챙겨줘야 할 특별한 기술에 대해 이것저것 얘기했지만 이번만은 '넣기'보다 '빼기'가 더 중요하다. 화면 앞에서 보내는 시간을 줄이기로 결심한 아이는 성공할 가능성이 훨씬 높아진다.

부드러우면서도 확고하게, 지속적으로

카디널스가 3회 초에 한 점을 추가해 점수를 3 대 0으로 벌렸다. 여느 스포츠 경기처럼 3회 초가 끝나자마자 외야의 대형 전광판에서 어지러운 화면과 시끄러운 음악이 나와 관중을 괴롭혔다. 대화를 나누는 사람은 아무도 없었다. 폭발음 같은 소리에 어떤 말도 들을 수 없었다. 우리 아이들은 점수표를 작성하고 주자를 홈으로 불러들인 카디널스 선수의 타점을 제대로 기록했는지 확인하고 있었다.

아이들 가운데 세자르가 야구를 가장 좋아했다. 다저스 팬인 세자르는 야구팀에 들어가 일주일에 세 번씩 시합을 했다. 반에서 열리는 텔레비전 토론에도 적극적이었다. 한번은 이런 불평을 터뜨린 적이 있다.

"직접 야구를 할 수 있는데 왜 비디오 게임으로 야구를 하는지 모르겠어요."

야구장에 들렀을 때 회가 바뀌는 동안 아이가 화면에 빠지지 않으려면 무엇이 필요한지를 생각해 봐야 한다. 이 특별한 휴식 시간에 전광판 스크린에서는 이리저리 움직이는 세 개의 컵 중에서 야구공이 숨겨진 컵을 찾는 게임이 나왔다. 옛날 축제에서나 볼 수 있던 속임수를 본뜬 것이었다. 현란한 그래픽과 화려한 색채에 사람들은 감탄했다. 세자르는 내게 특유의 웃음을 던지고는 점수표 작성을 이어갔다.

아이에게 "하라면 해!"라는 식으로 바보상자를 끄라고 하는 것은 마약을 하면 안 된다고 말하는 것만큼이나 효과가 없다. 해결 방법은 그보다 더 복잡하다. 부드러우면서도 확고하게, 그리고 지속적으로 논의를 이어가야 한다. 텔레비전에 삶을 빼앗겨서는 안 된다는 꾸준한 설득이 스스로 텔레비전을 끄도록 도와주는 씨앗을 심어줄 것이다. 부모가 솔선수범해 텔레비전을 끈다면 이 씨앗은 금세 싹을 틔울 것이다.

가끔은 생각지도 못한 곳에서 이런 메시지를 전할 행운이 날아들기도 한다. 2007년 10월, 56호 교실 학생들은 레드삭스의 플레이오프 경기를 보고 있었다. 그때 레드삭스 팬인 작가 스티븐 킹Stephen King이 다음 회가 시작되기 전 휴식 시간에 책을 읽는 모습이 카메라에 잡혔다. 기자가 왜

강제로 텔레비전을 못 보게 하지 마라

텔레비전은 어디에나 있다. 아이에게 "하라면 해!"라는 식으로 바보상자를 끄라고 하는 것은 효과가 없다. 중요한 것은 아이에게 텔레비전이 '왜' 잠재력을 빼앗는지 가르쳐주고, 스스로 결정하게 만드는 것이다. 부드러우면서도 확고하게, 그리고 지속적으로 설득해야 한다. 첫 번째 미션은 부모가 솔선수범해 텔레비전을 끄는 것이다.

책을 읽고 있느냐고 묻자, 스티븐 킹은 휴식 시간에 보통 18쪽 정도를 읽는데 폭스뉴스가 중계를 하면 긴 광고 시간 덕에 27쪽이나 읽는다고 대답했다. 아이들에게 아주 교육적인 인터뷰였다. '화면'과 싸우는 사람들은 필요한 도움이란 도움은 다 받아야 한다.

언제 어디서나 따라다니는 화면들

3회 말이 시작됐다. 함께 온 남자들이 맥주를 두 병째 마시는 동안 우리 앞에 앉은 작은 꼬마는 게임을 계속하고 있었다. 우리 아이들은 휴식 시간마다 무자비하게 날아드는 광고와 온갖 의미 없는 화면의 공세를 잘 견디고 있었다.

'무엇을 볼지'와 '언제 볼지'의 차이를 구분하는 법은 아이들이 익혀야 할 중요한 기술로, 언제 어디서나 배울 수 있다. 수업은 오후 3시면 끝나지만 배움은 계속 이어져야 한다. 나와 함께 야구장에 온 아이들은 '3단계 속성 과정'으로 올바른 시청 습관을 기른 것이 아니다. 아이들의 현명한 품행은 천천히, 그리고 꾸준히 이어진 교육의 결과다.

얼마나 많은 텔레비전이 쓸데없는 곳에 놓여 있는지 꼽아보면 흥미로울 정도다. 텔레비전은 스포츠 경기장에도 있고, 식당에도 있으며, 심지어는 차에도 있다. 슈퍼마켓에서 줄을 서거나 주유소에서 연료를 채울 때 사람들은 어쩔 수 없이 화면을 보게 된다. 제시카와 예림은 언젠가 식당 화장실에 텔레비전이 있더라고 친구들에게 말했다. 둘은 말하는 내내 웃음을 참지 못했다.

"누가 화장실에서 텔레비전을 보겠어?"

지난 가을, 지금 경기를 보는 아이들과 학급 친구 25명이 워싱턴 D.C.에 갔다. 아이들은 미리 미국 역사, 헌법, 방문하게 될 기념관에 대해 열심히 공부했다. 그러나 역사 공부는 여행의 일부에 불과했다. 그만큼의 시간이 삶의 기술을 배우고 익히는 데 할당되었다. 직접 가방을 꾸리고 호텔에 체크인하는 방법을 익혔으며 당연히 화면을 보는 시간은 제한했다. 텔레비전 시청은 새로운 곳을 보고 경험하려는 여행의 목적을 망친다. 텔레비전이야 어디서든 볼 수 있지 않은가.

워싱턴행 비행기에 오르기 전 아이들은 흥미로운 경험을 했다. 질서 정연한 모습으로 직원을 놀라게 한 아이들이 보안검색대 앞에 줄을 섰다. 보안검색대 직원이 길게 선 아이들을 보고는 입을 열었다. 직원이 던진 질문이 아이들을 다소 불쾌하게 했지만, 그가 늘 마주치는 무례하고 무질서한 학생들을 생각하면 이해할 수 있었다.

직　원: 조용! (아이들은 아무 얘기도 하고 있지 않았다.) 벨트 위에 가방이랑 신발을 올려놓고, 휴대폰이랑 게임기는 주머니에서 빼고.

아이들: 우리는 게임기 없어요.

직　원: 장난치지 마. 찾으면 다 나와.

아이들: 정말 없어요.

(아이들이 보안검색대로 다가간다.)

직　원: (티켓을 확인하며) 너희들 워싱턴 D.C.에 가는 거니?

아이들: 네.

직　원: 긴 비행이 될 텐데. 선생님이 게임기를 가져오지 못하게 했다니 안됐구나.

아이들: 하고 싶었으면 가져왔을 거예요. 그냥 안 하고 싶었어요.

직　원: (이해가 안 된다는 듯) 무슨 말인지 모르겠구나.

아이들: 좋은 하루 보내세요, 아저씨.

방금 우리 아이들은 어른이 화면을 강요한다는 것을 알았다. 야구 시합에 게임기를 가져가지 않았을 때도 '별난 애들' 취급을 받았다. 비행기에 탄 후에도 관습에 끼워 맞추려는 강압은 계속됐다. 아이들을 보고 조금 걱정이 된 승무원이 내게 다가왔다.

승무원: 일행이 모두 몇 명이시죠?

레이프: 어른 두 명까지 해서 서른두 명입니다.

승무원: (걱정하며) 음, 저희가 아이들 전부에게 DVD 플레이어를 나눠 줄 수 있어요.

레이프: 그럴 필요가 있나요? (아이들이 지켜보고 있었다.)

승무원: 뭔가 할 거리를 줘야지요.

레이프: 괜찮아요. 아이들은 할 거리가 있어요.

승무원: 도착까지 다섯 시간은 걸릴 텐데요.

레이프: 다들 책이 있어요. 그걸 읽을 겁니다.

승무원: 가능하겠어요?

승무원의 잘못이 아니다. 악순환 속에서 DVD 플레이어를 나눠 주도록 떠밀린 것이다. 요즘 아이들은 얌전하게 굴지 않는다. 비행시간이 길어질수록 문제는 심각해진다. 독서나 낱말 퍼즐 같은 오락거리는 이미 구식이 된지라 승무원에게는 아이들한테 각종 화면을 던져주는 것 외에는 선택의 도리가 없다. 학생들에게는 좋은 경험이었다. 하루 일곱 시간이나 아이들을 화면 앞에 앉혀두는 힘을 관찰할 수 있는 기회였으니까 말이다.

비행기가 워싱턴 D.C.로 내려가기 시작하면서 아이들은 더더욱 섬뜩한 경험을 했다. 스피커를 통해 휴대용 전자기기의 전원을 꺼달라는 안내방송이 나오자 다들 헤드폰을 벗고 노트북을 닫았지만, 비디오 화면에서는 계속해서 〈데이비드 레터맨 쇼Late Show with David Letterman〉가 나오면서 재치 있는 사회자가 유명 인사를 인터뷰하는 모습을 내보내고 있었다. 누구 하나 헤드폰을 쓰지 않았고 어떤 소리도 나지 않았지만 대다수의 사람들이 무슨 말인지도 모르는 화면을 멍하니 바라보고 있었다. 무슨 내용인지도 이해하지 못하면서 토크쇼를 보는 것이다. 이런 경험을 통해 아이들은 텔레비전을 멀리하는 것이 정신 건강에 좋다는 사실을 새삼 느낀다.

진실을 가리는 텔레비전

아이들이 '텔레비전 안 보기 시험'을 통과하고 한 단계 높은 사고를 하게 되는 모습을 지켜보면 즐겁다. 워싱턴 D.C.에서 계획한 한 주가 거의 끝날 무렵, 몇몇 아이가 혹시 뉴스를 볼 수 있는지 물었다. 어느 날 저녁, 아이들은 세상에서 어떤 일들이 벌어지는지 보려고 CNN을 틀었다. '화면'에 대한 게시라도 내리는 것처럼 마침 최신 비디오 게임기를 사려고 전자 상점 앞에서 자리를 놓고 경쟁하다 결국 싸움이 붙은 어른들에 대한 뉴스가 나오고 있었다. 아이들은 이 뉴스에 대해 갖가지 의견을 내놓았다.

어른들의 광기가 크리스마스 선물을 사려는 과정에서 폭력으로 변한 사건이었다. 놀랍게도 몇몇 아이가 누가 이 사건을 주요 뉴스로 정했는지 궁금해 하기 시작했다. 같은 날 미국은 이라크와 전쟁 중이었고, 병사들이 전투 속에 죽어갔으며, 아프리카에선 수천 명이 에이즈로 목숨을 잃고 있었다. 학생들은 무서운 진실을 발견했다. 그것은 텔레비전이 누군가의 시간을 망칠 뿐만 아니라 교묘하게 우리의 가치관을 형성하기도 한다는 것이다. 텔레비전은 우리도 모르는 사이에 운동선수가 기후 온난화보다 중요하고, 게임기를 놓고 싸우는 사건이 국제적인 뉴스보다 중요하다고 믿게 만든다.

계속된 논의와 토론 끝에 어린 친구들은 이런 결과가 미치는 위험성을 깨달았다. 이런 아이들에게서는 굳이 텔레비전을 빼앗을 필요가 없을 것이다. 그들에게는 스스로를 제어할 만큼의 지식과 능력이 있기 때문이다.

웃자고 하는 얘기지만, 아이들이 그루초 막스Grucho Marx(미국의 희극배우이자 영화배우_옮긴이)의 말을 새기게 하자.

"텔레비전이 굉장히 교육적이라는 걸 알았다. 누군가 텔레비전을 켤 때마다 나는 다른 방에 가서 책을 읽는다."

책가방에서 텔레비전을 꺼내라

텔레비전의 편재성과 맞설 수 있을 만큼 아이를 강하게 키우는 일은 끝이 없는 싸움이다. 역할 모델 되어주기, 저녁 식사 때 텔레비전 끄고 대화 나누기 등의 좋은 교육법은 아이가 빅 브라더의 손아귀에 붙잡히지 않도록 돕는 열쇠다. 지금부터 아이가 텔레비전의 유혹에 빠지지 않도록 보호할 수 있는 구체적인 방법을 소개하겠다.

합리적인 제한 규칙 세우기
아이가 텔레비전의 마술적인 힘에 맞서기 위해서는 도움이 필요하다.

무엇보다 일관된 규칙을 세우고 아이의 생활이 화면을 중심으로 돌아가지 않게 하는 것이 중요하다. 미국 소아과 학회에서는 부모에게 다음과 같은 지침을 제시한다.

- 아이의 텔레비전 시청 시간을 정한다.
- 평일 밤에는 숙제를 다 했더라도 텔레비전을 못 보게 한다.
- 규칙은 일관성 있게 지켜야 하며 쉽게 바꾸지 않는다. 텔레비전에 나오는 그 무엇도 가족끼리의 규칙을 바꿀 만큼 중요하지 않다.
- 텔레비전 시청 시간표를 미리 짜놓는다. 아이가 아무 때나 텔레비전을 보거나 생각 없이 채널을 돌리지 못하게 한다.
- 텔레비전, 비디오, 컴퓨터를 아이 방에서 치운다.
- 가족 활동의 일환으로 방송을 시청하는 것이 텔레비전의 가장 좋은 이용법이다. 가치 있는 프로그램을 함께 보고, 방송이 끝나면 대화를 나눈다. 아이가 본 것에 대해 질문하고 결론을 이끌어내게 하며 프로그램이 담고 있는 메시지를 곰곰이 따져보게 한다.

화면에 대한 복종에서 깨어나게 하는 문학

자라는 아이들에게는 크리스 반 알스버그Chris Van Allsburg의 《끔찍한 돌The Wretched Stone》이 텔레비전의 위험성을 깨닫는 데 큰 힘이 될 것이다. 반 알스버그는 그의 걸작 《북극으로 가는 기차The Polar Express》로 가장 많이 알려져 있지만, 《끔찍한 돌》 역시 그만큼 중요한 작품이다. 이 재치 넘치는 이야기는 항해 일지에 쓰인 기록처럼 구성되어 있다. 한 선원이 섬에서 빛을 내는 신비로운 돌을 발견한다. 돌에 매혹된 선원들은 돌을 배로 가져와 하루 종일 넋을 잃고 바라본다. 선원들이 각자 맡은 일을 게을리하자, 배는 급격하게 망가진다. 선원들은 모든 의욕을 잃고 결국 원숭이가 되고, 배는 관리를 하지 않은 탓에 폭풍을 만나 침몰 직전에 이른다. 그러나 네이선 선장이 책을 읽고 음악을 연주하던 영광스런 날들을 상기시키며 선원들을 구해낸다. 아이들은 선원들이 원숭이로 변하는 환상적인 상징과, 텔레비전의 위험성을 깨달았다면 지나친 과장으로 느껴지지 않는 사건 전개를 무척 좋아한다. 아름다운 삽화는 어린 독자를 즐겁게 해주면서 반 알스버그의 경고에도 집중하게 해준다. 또한 부모들은 아이가 인생의 배를 안전하게 운행하려면 네이선 선장이 준 것 같은 도움이 필요하다는 사실을 깨닫는다.

좀 더 나이가 있는 아이들의 감식안을 길러주는 데는 조지 오웰George Orwell이 쓴 재미있으면서도 비극적인 소설 《동물농장Animal Farm》이 제격이다. 5학년 아이와 권력의 남용에 대한 우화로 읽든, 고등학생과 소설에 담긴 러시아 역사의 맥락을 파고들든, 이 빛나는 풍자소설은 오웰만의 방식으로 '세뇌'라는 문제를 조명한다. 아이들은 "검은 것도 흰 것으로 만드는" 홍보 돼지 스퀼러의 캐릭터를 공부하면서 어떤 정보를 진실로 받아들이기 전에 한 번 더 생각하는 법을 배울 것이다. 《동물농장》의 교훈은 한 번 체득하면 절대 잊히지 않으니 아이들에겐 더없이 좋지만, 아이들이 스스로 생각하는 것을 싫어하는 세력에게는 끔찍할 것이다.

중고등학생이라면 독서 모임이나 가족 독서 활동을 통해 레이 브래드버리Ray Bradbury의 강렬한 작품 《화씨 451Fahrenheit 451》을 꼭 읽어야 한다. 브래드버리가 그린 암울한 미래 세계에서는 소방관이 불을 끄지 않고 불을 지른다. 도서관을 불태우는 것이 바로 그들의 임무다. 주인공 가이 몬태그는 이렇게 불을 지르는 일을 하다가 자신의 파괴적인 임무에 의문을 품게 되는 인물이다. 흔히 사람들은 이 고전을 검열에 대한 격렬한 항의로 해석한다. 그러나 브래드버리 자신은 이 이야기가 무엇보다도 텔레비전의 위험성을 고발한 것이라고 말했다. 《화씨 451》에 묘사된 사회선 누구도 생각을 하거나 질문을 던지지 않는다. 사람들은 하루 종일 즐거움을 주는 '벽면의 화면'만 멍하니 바라본다. 그리고 정부는 이렇게 해서 사람들을 조종한다. 이 화면의 힘은 너무도 막강해서 몬태그의 아내는 자기 방에 화면이 세 개뿐이라며 오히려 불행해 한다. 아내는 남은 벽마저 화면으로 바꿔 그 속에 완전히 빠지기를 간절히 바란다. 매일 저녁 사람들은 화면에 눈을 박고 정부가 국가의 적을 추적해 사살하는 장면을 바라본다. 아주 조금만 상상력을 발휘해도 추격전에 빠져 있는《화씨 451》의 세계와 오늘날 텔레비전 뉴스에서 중계되는 도망칠 곳 없는 추격전 사이의 섬뜩한 연결 고리를 발견할 수 있다.《화씨 451》은 젊은 친구들이 '벽면의 화면'에 대한 맹목적 복종에서 깨어나게 할 만큼 충격적인 작품이다.

영화에서 텔레비전의 정체를 깨닫는 아이들

이번에는 중고등학생이 텔레비전의 정체를 깨달을 수 있도록 도와주는 영화 두 편을 소개한다. 시드니 루멧 감독의 1976년 작 〈네트워크 Network〉는 패디 차예프스키Paddy Chayefsky가 각본을 써서 아카데미상을 받은 작품이다. 25년도 더 된 영화지만 날카로운 풍자의 칼날은 개봉 당시보다 지금 더 예리하게 느껴진다. 〈네트워크〉는 오직 돈과 시청률에만 관심 있는 방송제작자의 실태를 그려 대중에게 충격을 안겨줬다. 대단한 선견지명이다. 영화에서는 테러리스트조차 황금시간대의 15분을 차지하려고 방송제작자와 협상을 벌인다. 〈네트워크〉는 이런 행동을 부추기는 제도를 지지하는 것이 얼마나 불합리한지 고민하게 하며, 부조리한 가치를 옹호하는 요즘 텔레비전 쇼의 대중성을 거부할 수 있는 정신을 깨워준다(참고로 이 영화는 어른의 지도하에 성숙한 고등학생만 보는 것이 좋다).

교육적인 측면에서는 로버트 레드포드Robert Redford가 1994년에 제작한 독보적인 작품 〈퀴즈쇼Quiz Show〉를 보는 것이 더 좋다. 리처드 굿윈Richard Goodwin의 1950년대 퀴즈쇼 스캔들을 바탕으로 만들어진 이 영화는 신의 있고 심성 고운 사람들이 텔레비전에 출연할 수 있다는 유혹에 굴복하고 마는 이야기다. 영화를 보기 전에 어린 학생 또는 자녀에게 다음의 영화 홍보 문구를 상기시켜 주자.

"5천만 명이 시청했지만, 그 누구도 무엇 하나 보지 못했다."

특출한 아이들이 반드시 또래 아이들보다 똑똑한 것은 아니다. 그저 비판적인 시각을 키워 사물을 더 명확하게 볼 줄 아는 것뿐이다.

텔레비전을 잡느냐 잡히느냐

다행히 화면에 빠져 바보가 되기를 거부하는 아이들이 있는데, 세자르가 바로 그렇다. 다저스가 한 점을 추가해 3 대 1로 바짝 쫓아가자, 세자르는 잔뜩 신이 났다. 세자르는 텔레비전을 전혀 보지 않는다. 텔레비전 시청이 가져올 위험을 깨닫게 해준 부모님 덕에 더 나은 일들을 찾아냈다. 아메리칸 드림을 좇는 세자르의 집에 텔레비전이 끼어들 자리는 없다. 세자르가 텔레비전을 보지 않는 데는 여러 가지 이유가 있지만, 가장 큰 이유는 바로 누나인 트레이시가 보여준 모습 때문이다.

아무리 강조해도 지나치지 않은 말이 있다. 바로 '특별한 아이들은 오랜 시간에 걸쳐 높은 수준에 이른다'는 것이다. 트레이시와 처음 만난 것은 6년 전, 트레이시가 5학년이었을 때였다. 예쁘고 명랑한 꼬마 숙녀였던 트레이시는 자신이 맡은 일을 정확히 해내려고 노력했으며, 토론에도 즐겁게 참여했다. 트레이시는 매사에 열심이고 똑똑한 아이였지만, 그건 다른 친구들도 마찬가지였다. 그런데도 트레이시는 반에서 가장 반짝이는 두 별 중 하나였다. 다른 아이들도 계산 속도가 빠르고 운

아이를 텔레비전의 유혹에서 구하는 노하우

- 아이의 생활이 화면을 중심으로 돌아가지 않도록 합리적인 규칙을 아이와 함께 고민하고 정해보자.

- 텔레비전의 위험성을 알려주는 책과 영화를 함께 보고 이야기 나눠보자.

동 능력이 뛰어나며 창의적인 글을 썼지만, 몇 년이 지나 트레이시가 특별한 일을 해내리라는 데는 의심의 여지가 없었다.

그날은 머지않아 다가왔다. 트레이시는 미국의 주요 학자들을 배출한 곳으로 유명한 일류 사립 고등학교에서 장학금을 받았다. 그곳 학생들은 리무진으로 등교하고 대부분의 시간을 개인교사와 보내는데, 이 특급 학교의 상담사와 교사들은 트레이시를 칭찬하려고 내게 자주 전화를 했다. 그리고 트레이시는 다르다며 연신 칭찬을 쏟아냈다.

"재능이 뛰어나요, 특별해요, 누구와도 비교할 수 없어요, 대단해요 ……."

고등학교 고학년이 된 트레이시는 거의 모든 일류 대학에서 입학 요청을 받고 행복한 고민에 빠졌다. 여러 대학에서 트레이시를 데려가기 위해 비행기 표를 보냈고, 기업에서는 멋진 인턴십을 제안했다.

최근 트레이시는 56호 교실에서 하루를 보냈다. 우리의 스타가 허름한 교실로 돌아온 것이다. 트레이시는 행복한 마음으로 교실에 앉아 요즘 내가 가르치는 학생들의 질문에 답해주었다. 트레이시는 언젠가 자신처럼 되길 바라며 경외하는 시선으로 바라보는 아이들에게 둘러싸여 이런저런 조언을 해주었는데, 책을 많이 읽고, 열심히 공부하고, 학교를 진지하게 생각하고, 적극적으로 질문하고, 친구를 신중하게 고르고, 공부와 놀이의 균형을 맞추는 게 중요하다고 일렀다. 한 학생이 물었다.

"우리가 가장 새겨야 할 조언은 뭐예요?"

"그건 간단해." 트레이시가 재빨리 대답했다. "텔레비전을 멀리하는 거지. 텔레비전은 우리를 억누르고, 약하게 만들거든."

트레이시는 아이들이 〈퀴즈쇼〉를 봤는지 묻고는, 아직 보지 않았다는 말에 간단하게 영화에 대해 설명해 주었다. 정직하지 못한 방송제작자가 의회에 거짓말을 해서 국민을 속인 책임을 완전히 회피했다. 롭 모로Rob Morrow가 연기한 의회 조사관 딕 굿윈은 트레이시가 한 번도 잊은

적이 없는 쓸쓸한 말을 남긴다.

"나는 우리가 텔레비전을 잡을 거라고 생각했어요. 그런데 진실은, 텔레비전이 우리를 잡게 됐다는 거죠."

트레이시는 어린 친구들에게 이렇게 말했다.

"절대로 텔레비전에 잡혀서는 안 된단다."

아이들은 트레이시의 이 말을 되새기며 무거운 침묵 속으로 빠져들었다.

4회

수많은 선택의 순간들

의사결정력

아이는 앞으로 인생에서 수많은 선택을 하며 살아가게 된다. 아이가 시간을 잘 이용하고
사물에 집중하며 텔레비전을 멀리하더라도, 잘못된 선택을 한다면 다른 훌륭한 자질들이
순식간에 허사가 될 수 있다. 결정을 내리기 전에 꼼꼼하게 따져보고,
결정을 내린 후에는 그 결과에 책임을 져야 한다는 것을 아이는 배워야 한다.

아이에게 현명한 결정에 대해 가르칠 때 '중대하다'라는 표현을 써도 지나치지 않을 것이다. 아이가 시간을 잘 이용하고, 사물에 집중하며, 텔레비전을 멀리하더라도, 잘못된 선택을 내린다면 다른 훌륭한 자질과 잠재력이 순식간에 허사가 될 수 있다.

이는 지능과 아무 상관이 없다. 나는 토론 수업 시간에 클린턴 대통령을 자주 예로 드는데, 여전히 '희망'이라는 것을 믿는 이 남자는 굉장히 똑똑한 사람이다. 그렇지만 백악관 인턴 직원과 성관계를 맺는 끔찍한 결정을 내리고 말았다. 이것이 독선적이라고 말하는 게 아니다. 우리는 인간이고, 인간은 누구나 실수를 한다. 대통령이라는 현미경으로 들여다보면 누구도 잘못하지 않은 사람이 없을 것이다. 내가 클린턴과 친구는 아니지만, 그가 다시 그때로 돌아가 다른 결정을 내릴 수 있는 기회가 주어진다면 어떤 짓이라도 하리라는 것만은 확신할 수 있다.

아이가 바른 행동과 행실을 익힐 수 있도록 도와주려면 아무리 훌륭한 사람이라도 끔찍한 결정을 내릴 수 있다는 것을 알려주어야 한다. 이런 이유 때문에 선택의 기로에 섰을 때 올바른 길을 선택할 수 있는 기술을 학교에서 가르쳐야 하는 것이다.

4회가 시작되었을 때는 밤 9시가 지나고 있었다. 경기장은 이제 거의 꽉 찼다. 조금 전까지 비어 있던 우리 뒷줄은 20대 중후반의 남자 넷이 차지했다. 1회를 놓친 터라 가족 단위 손님이 많으니 상스러운 말은 자제해 달라는 경기장 안내 방송 따위를 들었을 리 만무했다. 꽤나 시끄러운 잡담 중에 간간이 '다채로운 비유'라고 칭할 만한 표현들이 섞여 있었다. 직장 여자 동료에서 경기장에 있는 선수에 이르기까지 다양한 주제의 말들이 오갔고, 이를 듣는 아이들의 눈썹은 여러 차례 올라갔다. 계속되는 농담은 아이들이 듣기에 썩 유쾌하지 않은 저속적인 것이었다.

그런데 뒷좌석에서 쏟아지는 불쾌한 말들에 이어 우리 앞에 또 다른 골칫거리가 등장했다. 전자 게임기를 가지고 놀던 아이가 갑자기 게임을 멈추고 심하게 짜증을 부리기 시작한 것이었다. 게임기 건전지가 나갔다며 우는소리를 해댔는데, 꼬마 교수 진욱이 작은 목소리로 아마 아이의 건전지도 다 떨어졌을 것이라며 우스갯소리를 했다. 어쨌거나 유치원에 다니는 아이가 밖에 있기에는 너무 늦은 시간이었으니 말이다.

우는 아이를 달래기 위해 남자들은 쉬운 해결책을 찾았다. 바로 장난감을 사준 것이다. 통로를 오가며 기념품을 파는 행상인이 아이의 관심을 끌 만한 매력적인 물건들을 가지고 있었다. 아이는 파란색과 흰색의 다저스 깃발이 달린 60센티미터 정도의 기다란 나무 막대를 손에 넣었다. 말할 것도 없이 아이는 깃발을 마구 흔들기 시작했다. 경기는 고사하고 아이도 제대로 돌보지 않는 보호자에게 펄럭이는 깃발 따위는 크게 문제가 되지 않았다. 깃발은 계속해서 우리의 시야를 방해했다. 아이가 깃발을 흔드는 데 싫증 내기만을 바라며 우리는 당분간 아무 말도 하지 않기로 했다. 이런 행동 방침은 집단적으로 결정된 것이다. 아이들과 나는 서로에게 눈짓을 보냈다. 우리의 지혜로운 익살꾸러기 오스틴은 내가 뭔가를 하길 바라는 눈치였다. 한가운데 앉았던 탓에 앞에서 흔드는 깃발과 뒤에서 들려오는 욕설에 가장 많이 방해를 받고 있었기 때문이다. 하지만 결국에는 다수의 의견을 따르기로 하고 잠자코 있었다.

이 또한 아이들에게 가르침을 줄 수 있는 기회가 되었다. 당시에는 상황이 나쁘게 흘러갈 줄 전혀 몰랐지만, 이 작은 결정이 나중에 아이들의 토론 주제가 되리라는 정도는 알 수 있었다. 이 사건은 우리가 인생에서 생각보다 훨씬 많은 선택을 하면서 살아간다는 사실을 알려줄 기회가 될 터였다. 몇몇 학교에서는 행동에는 결과가 따르는 법이고, 올바른 판단을 위해서는 연습이 필요하다는 사실을 잘 가르치고 있다. 하지만 아직도 판단 과정에서 충분히 고심하지 않는 아이가 많다. 아이가 올바른 행동 방침을 쉽게 선택할 수 있다면 안 좋은 상황에 처할 일이 그렇게 많진 않을 것이다. 최선의 길을 선택하는 법을 가르친다는 것은 그리 쉬운 일이 아니다. 바로 이 때문에 교육의 중요성을 강조하고 끊임없이 평가하며 보완하는 것이다.

아이들은 문학, 영화, 그리고 실제 삶에서도 매일같이 결정이 내려지고 있다는 사실을 알아야 한다. 이런 선택과 그에 따른 결과를 씹고 삼키고 소화시켜서 스스로 결정을 내려야 할 상황에 부딪혔을 때 그때까지 경험하고 익힌 지식을 활용해 가장 좋은 길을 선택할 수 있어야 한다.

오스틴은 체구가 작아서 다른 아이들보다 경기를 관람하는 데 더 어려움을 겪고 있었다. 하지만 사람들이 언젠가는 자기 기분을 헤아릴 것이라고 믿었기 때문에 그저 어깨를 한 번 으쓱해 보이고는 참고 기다렸다. 어쩌면 린다라면 이런 딜레마에 빠졌을 때 어떻게 했을지 생각해 봤을지도 모른다. 린다는 고등학교 3학년 학생인데, 가끔씩 56호 교실에 들를 때면 오스틴에게 특별한 관심을 보였다.

린다는 어렸을 때 포스터에 실려 센세이션을 일으키기도 했다. 아이들은 절망과 역경을 이겨낸 린다에게 감동했다. 린다의 삶에는 아버지도, 돈도 없었다. 어머니, 언니와 함께 방이 두 개 딸린 다 허물어져 가는 아파트에서 살았다. 그마저도 큰방은 다른 가족이 썼고, 린다네 가족은 작은방에서 지냈다. 어머니는 배려심이 많고 열심히 일했지만, 불법 체류자라는 신분 때문에 쉽게 위축되었고 제대로 된 직장도 가질 수 없었다. 언니는 사랑스럽고 발랄한 성격을 지녔지만 나쁜 남자를 만나는 바람에 곁길로 새기 일쑤였다.

이 모든 여건이 린다에게 불리하게 작용했지만, 그와 동시에 멋진 성공을 꿈꾸도록 만들었다. 린다는 똑똑했지만 천재는 아니었다. 초등학교 시절 오케스트라, 수학 보충 수업, 셰익스피어 연극 등 모든 방과 후 수업을 신청했고, 그 덕분에 좋은 결과를 얻을 수 있었다. 친구 트레이시와 함께 유명 사립학교에서 장학금을 받게 된 것이다. 아이들과 만나는 자리에서 린다는 성공의 비결은 올바른 선택을 하는 능력이라고 몇 번이고 강조했다.

선택 전에 꼭
평가하게 하라

우리는 아이들에게 올바르게 행동하라고 가르치지만 아이들이 언제나 올바른 행동을 할 준비가 되어 있는 것은 아니다. 올바른 결정을 내리는 기술은 피아노를 배우는 것처럼 학습을 통해 발전된다. 그렇기에 시간과 연습이 필요하다. 56호 교실에서 린다는 자신의 선택을 평가할 수 있는 어떤 체계를 배웠다. 공책에는 아이젠하워 대통령의 "그냥 계획은 의미가 없다. 중요한 것은 계획을 세우는 것이다"라는 말을 옮겨

아무리 강조해도 부족한 '선택의 중요성'

아이들은 문학, 영화, 그리고 실제 삶에서도 매일같이 결정이 내려지고 있다는 사실을 알아야 한다. 이런 선택과 그에 따른 결과를 씹고 삼키고 소화시켜서 스스로 결정을 내려야 할 상황에 부딪혔을 때 그때까지 경험하고 익힌 지식을 활용해 가장 좋은 길을 선택할 수 있어야 한다.

놓았다.

　이 말을 깊이 새긴 린다는 계획을 세울 때면 종이 한 장을 꺼내 중앙에 세로로 선을 그어 반으로 나눴다. 그러고는 중요한 결정을 내려야 할 때마다 다양한 선택에 따르는 결과들을 장단점으로 나눠 종이에 적었다. 린다는 오스틴과 같은 어린 학생들에게 우리는 매일 '점심으로 어떤 야채를 먹을까'부터 '수학 시험공부는 얼마나 해야 할까'에 이르기까지 수백 가지 결정을 내린다고 알려주었다. 그리고 성공한 아이들은 여러 가지 선택을 가려내어 평가한다고 조언했다. 성공한 아이들은 행동 방향을 결정하기 전에 앞에 놓인 상황을 세심히 따져본다. 린다는 선택의 기로에 설 때마다 종이에 장단점을 적기에 앞서 이런 물음들을 생각했다.

- 이 선택이 내 목표를 달성하는 데 도움이 되는가?
- 이 선택으로 내가 사랑하는 사람들이 힘들어지지는 않는가?
- 나를 위한 선택인가(6단계 사고), 아니면 다른 사람을 기쁘게 하기 위한 선택인가(3단계 사고)?
- 이 선택으로 희생해야 하는 것은 무엇인가?
- (좋든 나쁘든) 이 결정이 내가 모르는 다른 사람들에게 영향을 주지는 않는가?
- 고려해야 할 경제적 요소가 있는가?

　물론 린다도 자라면서 실수한 적이 있다. 누구나 실수를 하는 법이니까. 하지만 린다는 실수하는 횟수를 줄이려고 노력했고, 중요한 일에서는 늘 훌륭한 선택을 했다. 어떤 판단을 내릴 때는 가능하면 그 선택을 평가하는 과정을 꼭 거쳐야 한다.

　린다는 그렇게 했고, 그것이 린다의 인생을 바꾸었다.

《베니스의 상인The Merchant of Venice》에서 포샤는 남편을 고르지 못하게 금지한 아버지의 유서 때문에 좌절을 겪는다. 포샤는 복권에 당첨되면 따라오는 상품 같은 존재였다. 자신의 운명을 슬퍼한 그녀는 아버지의 지혜를 가혹하다고 판단하던 중 자신의 단점을 깊이 생각해 볼 필요가 있다는 사실을 깨닫는다.

"스무 사람에게 좋은 일을 하라고 가르치는 것이 내가 직접 그 스무 명 중 하나가 되는 것보다 쉽다."

아이에게 훌륭한 의사 결정의 중요성을 강조하는 것은 어렵지 않다. 하지만 아이 앞에서 어리석은 결정을 내리는 일이 심심찮게 일어난다.

4회 초 카디널스는 점수를 내지 못했다. 그리고 아까 그 아이는 새로운 방법으로 깃발을 가지고 놀 수 있다는 것을 알아냈다. 깃발을 좌우로 흔드는 게 익숙해지자 이번에는 앞뒤로 흔들기 시작했다. 팔을 뒤로 젖히면서 몇 번이나 깃대로 나를 찌르더니 금세 누구라도 내리칠 기세였다. 잠시 행동을 멈춘 나는 아이의 보호자에게 깃발 이야기를 해볼까 생각했다. 그리고 그 사람들이 마신 상당량의 맥주를 감안해서 마음속으로 이해득실을 따져보았다. 그중 한 가지는 아무 말도 하지 않고 아이가 지쳐서 스스로 멈추기를 기다리는 것이었지만, 도무지 그 끝이 보이지 않았다. 시어도어 루스벨트 대통령은 "결정을 내려야 하는 순간, 최선의 선택은 옳은 일을 고르는 것이다. 그다음의 선택은 잘못된 일을 고르는 것이고, 최악의 선택은 아무것도 하지 않고 내버려두는 것이다"라고 말했다.

나는 러프 라이더Rough Rider(루스벨트의 지휘하에 1898년 미국-스페인 전쟁에 참가한 의용 기병대_옮긴이)의 지혜를 받아들여 내 결정이 올바른 선택이기만을 바랐다. 하지만 그런 행운은 따르지 않았다.

레이프: (흔들리는 깃대를 피해 몸을 앞으로 숙이면서) 저기요, 실례
          합니다.

남 자: (짜증을 내며) 뭐요?

레이프: 죄송한데요. 저 깃발 좀 어떻게 해주실 수 없나 해서요.
          깃발 때문에 우리 아이들이 다칠 것 같네요.

두 번째 남자: (고함을 치며) 젠장! 어린애인 거 안 보여! 어린애한테 뭘
          어쩌라고 지껄이는 거야? 입 닥치고 꺼져!

같은 구역에 있는 관중들이 일제히 우리를 쳐다봤지만 이내 못 본 척
했다. 몇몇 사람들은 남자가 화를 못 이기고 결국 폭력을 휘두를 것인가
에 비상한 관심을 보이기 시작했다.

레이프: (아이들이 있는 자리로 물러서며) 알았어요! 미안합니다. 귀
          찮게 해서. 그냥 한번 물어본 겁니다. 신경 쓰지 마세요.

세 번째 남자: (고함을 치며) 그만 좀 하라고! 계속 똑같은 얘기잖아, 똑
          같은 얘기! 그 입 좀 닥치라고!

남자들이 내게 고함을 치는 사이 흥미로운 일이 일어났다. 그들이 내
얼굴에 대고 정신없이 욕을 해대는 그때 아이가 계속 깃발을 흔들다가
통로를 걸어가던 어떤 여자를 찌르고 말았다. 여자는 뭔가 얘기를 하려
고 뒤를 돌아봤다가 남자들과 나를 힐끗 쳐다보고는 조용히 가던 길을
계속 갔다.

이 일로 아이들은 무언가를 조금 깨닫게 되었다. 4회 말이 되자, 그 남
자들은 일부러 일어나서 이야기를 주고받았다. 우리 시야를 방해하기

결정의 기술도 습관이다

올바른 결정을 내리는 기술은 피아노를 배우는 것처럼 학습을
통해 발전된다. 그렇기에 시간과 연습이 필요하다.

위해서라면 무슨 일이든 하겠다는 태도였다. 참 멋진 사나이들이다.

나쁜 일이 있으면 좋은 일도 있는 법이다. 난 폴 매카트니Paul McCartney가 말한 것처럼 "슬픈 노래를 좋은 노래로" 만들어보려 했지만 비참하게도 실패하고 말았다. 일상에서 올바른 결정을 내리는 상황을 몸소 보여준다는 것이 얼마나 중요하고 어려운지를 다시 한 번 깨달았다.

올바른 결정의 이면을 가르쳐라

슬픈 일이긴 하지만 아이들에게 의사 결정의 기술을 가르치다 보면 불편한 현실과 맞닥뜨리게 된다. 학교에서 아이들을 가르치는 교사들은 좋은 의도에서 "이곳에 있는 여러분 모두가 승리자입니다"라고 말하면서 용기를 북돋워준다. 멋진 생각이지만 현실이 꼭 그렇지만은 않다. 사람들은 종종 지고 잃는다. 행동에는 결과가 뒤따르기 마련이고, 언제나 좋은 결과만 있는 것은 아니다. 아이들은 공부할 때나 놀 때나 일상 속에서 끔찍한 결과를 가져온 다른 사람들의 판단을 꼭 검토해야 한다.

이것은 누군가를 판단하기 위해서가 아니다. 훌륭한 결정을 내리는 사람이 잘못된 결정으로 자신과 다른 이들에게 피해를 입힌 사람보다 반드시 뛰어난 것은 아니다. 따라서 잘못된 결정을 내린 사람에게 돌을 던지라고 가르쳐서는 절대 안 될 일이다. 그러나 죽을 때까지 따라다니면서 결코 되돌릴 수 없는 결과를 낳는 선택도 있다는 것을 아이들은 알아야 한다. 그 결과를 바라보기가 고통스러울지라도 말이다.

우리 반 아이들은 린다의 같은 반 친구인 캐런에 대해 익히 알고 있다. 캐런은 굉장히 아름다운 학생이었다. 몇몇 교사가 "우아하다"라고

전 올바른 선택의 순간들 | 의사결정학

말할 정도였다. 캐런은 재능이 있어서 학교 오케스트라와 연극에서도 빛을 발했다. 학업 성적도 같은 학년 학생들에 비해 훨씬 높았다. 부모라면 누구나 자녀가 자신보다 나은 삶을 살길 원하는데, 캐런은 그런 부모의 꿈을 충족시키기에 충분했다. 캐런의 집안 사정은 린다보다는 나았다. 아파트를 나눠 쓸 필요가 없었고, 어머니는 합법적인 시민이었다. 린다처럼 아버지는 안 계셨지만, 어머니가 합법적 지위를 가지고 있었기 때문에 더 나은 직장을 가질 수 있었고 더 좋은 집에서 살며 돈도 많이 모을 수 있었다. 사랑과 관심 속에서 교육을 받을 수 있었던 것이다.

이런 모든 상황에도 불구하고 캐런은 중학교에 들어가 잘못된 선택을 하고 말았다. 다른 많은 아이들처럼 청소년기에 누릴 수 있는 즐거움에 빠져버린 것이다. 열두 살의 나이에 진한 화장을 하고 다니며 남자 선배들의 관심을 끌었다. 조금만 인내하면 좋은 마그넷 스쿨Magnet School(뛰어난 설비와 교육 과정을 갖춘 공립학교_옮긴이)이나 사립학교에 갈 수 있었는데도 지방 공립학교에 진학했다. 린다가 집에서 지원서를 작성하는 동안 캐런은 남학생들과 동네 공원을 돌아다녔다. 점쟁이가 아니더라도 쉽게 그 아이의 미래를 예측할 수 있었다.

캐런은 열다섯 살에 아이를 가졌다. 캐런의 삶에서 학교는 더 이상 의미가 없었다. 천성이 나쁜 아이였다면 "당연한 결과일 뿐이야"라고 쉽게 말했을 것이다. 그런데 사실은 그렇지 않았다. 캐런은 그저 잘못된 결정을 내린 착한 소녀였고, 지금까지도 그렇다. 하지만 그 한 번의 결정이 삶을 완전히 바꿔놓았고 앞에 놓인 수많은 문을 닫아버렸다.

아이들에게 주관적으로 사람을 판단하거나 비하해서는 안 된다고 가르쳐야 하긴 하지만, 어떤 결정 때문에 삶이 변화된 실제 인물들의 이야기도 들려줄 필요가 있다. 그래야 삶의 여러 가지 결정으로 일어나는 엄청난 결과에 대해 알 수 있을 테니 말이다.

여기서 분명히 해둘 게 있다. 캐런의 삶은 끝난 것이 아니다. 어린 엄마들을 도와 다시 학교에 보내주고 더 나은 미래를 준비시켜 주는 훌륭한 프로그램들이 있다. 그러나 청소년은 현실을 직시해야 한다. 현실은 캐런이 임신하게 된 바로 그날부터 앞으로 누릴 수 있는 수준 높고 풍요로운 삶의 기회가 대폭 줄어들었다는 것이다. '마치 오브 다임스March of Dimes(미국 신생아 보건 단체_옮긴이)'에 따르면, 아이를 가진 18세 미만의 미혼 여성은 40퍼센트만이 고등학교를 졸업하지만, 같은 사회적·경제적 배경에 아이를 갖지 않은 여성은 75퍼센트가 고등학교를 졸업한다. 게다가 고등학교 졸업장을 가진 기혼 여성에게서 태어난 아이는 9퍼센트만이 가난한 삶을 사는 것과 달리, 10대 부모에게서 태어난 아기들은 무려 78퍼센트가 가난에 시달린다. 이런 통계는 캐런과 그 아들의 고된 삶을 예견한다. 어머니의 비참한 선택 때문에 아이는 훌륭한 선택을 할 수 있는 기회를 빼앗기고 만 것이다.

선택의 기로에서 필요한 책가방

자녀의 삶에 지나치게 관여하는 부모와 충분히 관여하지 않는 부모 사이에는 큰 차이가 없다. 아이는 혼자 힘으로 자기 삶을 이끌어 나가야 한다. 아이의 독립심을 제대로 키우고 싶다면 선택의 기로에서 유용하게 쓸 수 있는 정보로 가방을 채워주어야 한다.

선택의 용기를 배울 수 있는 영화들

결정을 내려야 하는 상황에서 바르게 사고할 수 있는 기술을 키워주는 데는 할리우드 걸작이 큰 도움이 되기도 한다. 등장인물의 지혜로운 결정 또는 어리석은 결정을 통해 아이는 삶에 응용할 수 있는 지식을 얻는다. 지식은 곧 힘이다. 대부분의 훌륭한 영화 속에서는 중요한 판단이 일어나는데, 이를 보면서 선택과 결과에 대한 건설적인 가르침을 얻을 수 있는 것이다. 지금부터 아카데미 시상식의 정신에 입각해 세 가지 영화를 추천하겠다.

배우 제임스 스튜어트James Stewart는 프랭크 캐프라Frank Capra 감독의 1946년도 걸작 〈멋진 인생It's a Wonderful Life〉에서 가장 좋아하는 장면을 이야기한 적이 있다. 흥미롭게도 그것은 영화의 명장면으로 손꼽히는 장면이 아니었다. 이 영화의 명장면이라면, 스튜어트가 연기한 조지 베일리가 다리 위에서 자살을 생각하는 장면, 베일리가 고향 베드포드 폴스를 달리는 장면, 베일리가 가족과 함께 '올드 랭 사인Auld Lang Syne'을 부르는 엔딩 장면을 꼽을 수 있다.

그런데 스튜어트는 이런 장면 대신 관객에게 영화 초반에 나오는 기차역 장면을 주목해 달라고 했다. 조지 베일리는 약속을 지키느라 아버지가 돌아가신 뒤에도 원치 않는 가업을 책임지게 되었다. 남동생 해리는 학교에 다니느라 집을 떠나 있었다. 조지는 해리가 대학을 졸업하고 회사의 경영을 맡을 준비가 되어 돌아오면 자기 꿈을 펼칠 계획이었다.

하지만 해리는 새 아내와 함께 역에 도착한다. 해리 아내의 아버지가 해리에게 좋은 일자리를 마련해 주는 바람에 조지는 계속해서 회사를 이끌어야 하는 상황에 처하게 된다. 해리의 가족이 화면에서 사라진 뒤에 조지는 외롭게 홀로 남는다. 그는 지난 4년간의 계획이 모두 쓸모없게 되었다는 사실을 깨닫는다. 여태까지 다른 사람들만 생각하면서 살아온 한 남자에게 이는 너무 끔찍한 순간이다. 그리고 누구도 그런 그에게 신경 쓰지 않는 것은 몹시 불공평해 보인다.

조지는 충격을 받고 불행에 빠지지만 어떤 성급한 결정도 내리지 않고 자기 소신에 충실하게 행동한다. 아마도 이루지 못할 세계 여행과 모험에 대한 꿈을 포기하고 가족과 회사를 책임지기로 결정한다. 이 영화는 캐프라 감독의 영화에서 으레 느껴지는 분위기보다 훨씬 더 어둡다. 조지는 너무 낙심해 자살을 시도하려고 하지만, 인생에서 가장 암울한 시기를 겪으면서 마침내 인생은 살 만한 가치가 있다고 판단한다. 그런데 이 사실을 깨닫는 때는 영화 후반부에서 조지가 자신을 "마을에서 가장 부유한 사람"이라고 생각하면서였다. 이 영화에서 제임스 스튜어트가 선택한 기차역 장면은 아이들에게 가르칠 만하다. 꿈이 항상 이루어지는 것은 아니라는 사실을 깨닫고, 이에 대해 이야기해 보면 좋을 것이다. 또 언제나 올바른 일을 하려는 사람에게도 인생은 괴롭고 불공평하며 실망스러울 수 있다는 점을 이야기해도 좋다.

성숙한 고등학생이라면 올리버 스톤Oliver Stone 감독의 〈월 스트리트Wall Street〉를 보고 잘못된 행동을 하는 한 젊은 남자의 운명에 대해 이야기해 볼 수 있을 것이다. 젊은 증권 중개인 버드 폭스(찰리 쉰이 맡았다)가 비열한 억만장자 고든 게코(마이클 더글러스는 이 역할을 훌륭하게 소화해 아카데미상을 받았다)의 꼬임에 넘어가는 이야기를 그린 이 영화는 우리가 너무 자주 무시하는 교훈을 담고 있다. 바로 인간은 누구나 어리석은 결정을 내릴 수 있고 최악의 상황에서는 그 결정이 자신과 주변 사람들에게 수치와 불명예를 안겨줄 수 있다는 것이다. 대부분 영화는 현명한 결정을 내린 후 행복하게 살아가는 주인공에 초점을 맞춘다. 하지만 〈월 스트리트〉는 주인공 버드 폭스가 끔찍한 결정을 내려 감옥에 가는 것으로 끝난다. 이 영화는 언제나 멋진 배우 할 홀브룩이 연기한 늙은 중개인 루 만하임 때문에 아이에게 의사 결정에 대해 가르치기 적합하다. 누구나 어리석은 선택을 하지만 절망의 순간을 어떻게 극복하느냐에 따라 더 나은 미래가 열릴 수도 있고 반대로 더 깊은 절망의 나락으로 떨어질 수도 있다는 점을 아이는 깨달아야 한다. 군이 월 스트리트나 주식 시장을 언급하지 않고도 내부자 거래로 체포되는 버드 폭스에게 만하임이 충고하는 내용은 충분히 강조할 수 있다.

"버드, 난 자네가 좋아. 하지만 기억하게. 심연을 들여다보면 그 속에는 나를 보는 눈이 없다는 걸 말일세. 바로 그 순간 우리는 자신의 모습을 찾지. 그렇기 때문에 그 심연에 빠지지 않는 것이고."

아무리 최선을 다해 훌륭한 선택을 하려고 노력해도 언젠가는 심연을 바라보는 순간이 있을 것이라는 사실을 아이에게 말해주는 것도 좋다. 〈월 스트리트〉는 잘못된 선택을 하더라도 다시 용감한 선택을 할 수 있고, 정말 어두운 터널이라도 그 끝에는 빛이 있을 수 있다는 사실을 잘 상기시켜 준다.

특출한 아이들은 가장 힘든 순간에 훌륭한 선택을 한다. 그리고 이런 결정은 대부분 이상적인 환경과는 거리가 먼 곳에서 이루어진다. 또래 집단에게서 받는 압박감은 정말 대처하기 힘들다. 사회규범이 요구하는 바를 저울로 달아보면 자기 자신과 신념에 충실할 수 있는 힘을 가진 아이들이 거의 없다는 사실을 쉽게 알 수 있다. 남과 다르다는 것은 매우 힘든 일이다. 그러기 위해서는 다른 이들의 조롱과 비난에 맞서기도 해야 한다.

아이가 자기 길을 가도록 가르치고 그렇게 할 수 있는 용기를 불어넣는 일은 무엇보다 중요하다. 스탠리 크레이머Stanley Kramer 감독이 각색한 〈침묵의 소리Inherit the Wind〉는 '스콥스 원숭이 재판Scopes Monkey Trial(1925년 7월 21일 미국 테네시 주 데이턴의 레아카운티 법정에서 기독교 근본주의자(창조론)와 개신교 자유주의자(진화론)가 정면충돌한 사건을 가리킨다_옮긴이)'이라는 사건을 통해 학생들이 올바른 판단에 대해 배울 수 있는 영화다.

스펜서 트레이시Spencer Tracy가 연기한 변호사 헨리 드러먼드는 클래런스 대로Clarence Darrow(미국의 변호사로, 고등학교 생물 교사 스콥스가 진화론을 가르쳤다는 혐의로 재판을 받게 되자 그를 변호한 것으로 유명하다_옮긴이)를 모델로 한 인물로, 학교에서 진화론을 가르쳤다는 이유로 고소당한 교사 버트 케이츠를 변호하기 위해 테네시 주에 가게 된다. 잔뜩 살기가 올라 있는 그 작은 마을에서 버트의 여자 친구 레이철은 마을 사람들이 모든 일을 잊어주길 바라는 마음에서 버트에게 사과하라고 애원한다. 끝까지 재판을 고집하는 드러먼드에게 화가 난 레이철은, 재판이 끝나도 자신과 버트는 마을에 남아 사람들의 미움을 받으면서 살게 되리라는 사실을 드러먼드가 이해하지 못한다고 생각한다. 드러먼드는 레이철의 두려움에 대해 이렇게 대답한다. 젊은이들이 반드시 새겨야 할 말이다.

> 버트가 겪고 있는 상황을 잘 압니다. 세상 그 누구보다 외롭겠지요. 마치 텅 빈 거리를 자기 발자국 소리를 들으며 걷는 기분일 겁니다. 하지만 당신이 할 수 있는 것이라곤 아무 문이나 두드려 이렇게 말하는 겁니다. "저를 들어가게 해주시면 당신이 원하는 대로 살고, 원하는 대로 생각하겠습니다." 그러면 모든 문과 창문이 열리고 더 이상 외롭지 않을 겁니다, 절대로. 자, 선택은 당신 몫입니다.

아이들은 버트가 맞닥뜨린 힘든 선택을 결국 자신도 하게 되리라는 사실을 알아야 한다. 많은 사람들이 흘러가는 대로 살아가리라 다짐하며 거기에 자신의 신념을 맞출 것이다. 하지만 〈침묵의 소리〉는 《햄릿》에 나오는 폴로니우스의 대사를 반복하면서 더 나은 선택을 부추긴다. "무엇보다도 자신에게 진실하라."

선택의 기회비용을 배울 수 있는 문학들

훌륭한 문학 작품을 읽는 것만큼 올바른 결정을 내리는 데 관심을 기울이게 하는 확실한 방법도 없다. 고전소설 속의 주인공은 대부분 선택의 기로에 서게 되는데, 그 선택이 오늘날 어린 독자에게까지 큰 의미가 있기 때문이다.

선택에는 희생이 따르는 법이다. 아이들은 경제학자들이 기회비용이라고 부르는 중요한 개념을 마음속에 간직해야 한다. 많은 아이들이 모든 것을 가지고 싶어 하지만, 의과 대학에 가려면 다른 아이들이 가는 파티에 가지 않아야 한다는 사실도 반드시 이해해야 한다.

익명의 철학자가 이런 말을 한 적이 있다.

"두 마리 토끼를 쫓다가는 두 마리 모두 놓치게 된다."

나이가 적든 많든 모든 독자는 시간을 투자해서 닥터 수스Dr. Seuss의 《네가 갈 곳Oh, the Places You'll Go!》을 읽어봐야 한다. 이 책은 졸업식에서 자주 인용되지만, 그 교훈은 평생 이어진다. 수스의 환상적인 삽화는 눈을 부시게 하고 마음을 사로잡는다. 페이지를 교차하는 수백 개의 길에 직면해서는 섬뜩한 느낌이 들기도 한다. 수스는 이렇게 경고한다.

누구나 이 길 저 길을 두루 살펴보지. 하지만 신중해야 한단다. 그중에는 "거기는 가지 않을래요"라고 말해야 하는 길도 있으니까.

수스는 앞으로 나아가기 위해서는 선택이 필요한데, 여기서 하나의 길을 선택한다는 것은 다른 길들을 포기해야 한다는 의미라는 점을 강조한다. 《네가 갈 곳》은 읽을 때마다 지적으로나 정서적으로 한층 성숙해진 자신을 발견할 수 있는 좋은 책이다. 책은 그대로인데 자신이 변했다는 걸 느낄 수 있을 것이다.

중학생은 대부분 필독서 목록에 포함된 셰익스피어의 《로미오와 줄리엣Romeo and Juliet》을 읽게 된다. 운이 좋은 학생들은 이 작품을 열정적으로 가르치는 교사를 만날 수 있지만, 많은 학생들은 단순히 학교 규정상 필독서라는 이유로 책을 읽는 데 급급한 교사에게 가르침을 받는다.

후자와 같은 일은 가급적 일어나지 않기만을 바랄 뿐이다. 아무튼 누구도 인정하지 않을 수 없는 셰익스피어의 걸작을 아이와 함께 읽고, 그런 다음에는 1968년 프랑코 체피렐리Franco Zeffirelli 감독이 영화로 각색한 〈로미오와 줄리엣〉을 보기 바란다.

학교에서 이루어지는 뻔한 평가에서는 학생들에게 지극히 평범하고 희극과는 무관한 질문을 한다. 로미오 사촌의 이름을 묻는 질문이나 줄리엣의 나이를 묻는 질문이 대부분인 것이다. 하지만 정말 의미 있는 것을 가르치려면 질문을 더욱 세밀하게 만들어야 하고 희극이 담고 있는 더 큰 주제를 물어야 한다.

《로미오와 줄리엣》에서 집중해야 할 중요한 주제는 클라이맥스에서 일어나는 무자비한 비극의 원인이다. 젊은 연인이 죽음을 맞이한 것은 가문 간의 싸움 때문도 불가항력 때문도 아니다. 그것은 행동하기 전에 신중하게 생각하지 못했기 때문이다. 로미오와 줄리엣은 어리다. 여러분 같은 부모를 둔 운 좋은 아이들과 달리, 로미오와 줄리엣은 올바른 판단을 내리는 기술을 배우지 못했다. "서둘지 말고 신중하거라. 급히 달리면 넘어지게 마련이란다"라는 로런스 신부의 충고를 들었다면 때이른 죽음으로 캐풀렛 가문의 무덤에 들어가는 대신 행복한 삶을 살았을지도 모른다.

좀 더 나이가 많은 학생들에게는 《허클베리 핀의 모험The Adventures of Huckleberry Finn》이 큰 영감을 줄 수 있다. 그런데 어른의 도움 없이는 트웨인의 천재성을 이해하기 힘든 어린 나이의 아이들에게 혼자서 이 책을 읽어 오라는 과제를 내주는 경우가 너무 많다. 허크(허클베리 핀)에게 올바른 길을 인도해 주는 짐이 필요한 것처럼, 아무리 뛰어난 학생이라도 허크가 마지막으로 내린 고통스럽지만 현명한 결정을 완벽하게 이해하기 위해서는 도움이 필요하다.

허크는 잘 씻지도 않고 제대로 된 교육도 받지 못한 어린 소년이다.

폭력적인 아버지에게서 도망쳐 나온 허크는 잔인하고 위선적인 사회에서 도망친 짐과 힘을 합친다. 둘은 미시시피 강에서 많은 모험을 하지만, 짐은 왕과 공작 행세를 하는 두 사기꾼에게 속아 다시 노예로 팔리게 된다. 31장에서 허크는 영원히 벗어날 수 없는 어떤 결정을 내려야 하는 순간에 다다른다. 사회규범에 따라 짐을 주인에게 넘기거나, 짐을 몰래 빼내 자유롭게 해주어야 했던 것이다.

허크는 규범을 따르기로 결정하고 신에게 '옳은' 일을 할 수 있도록 도와달라고 기도까지 한다. 그리고 죄책감을 덜고자 짐의 전 주인인 왓슨 부인에게 편지를 쓴다. 하지만 《햄릿》의 클라디우스처럼 허크도 "거짓 기도를 올릴 순 없다"는 것을 깨닫는다. 득과 실을 꼼꼼히 따진 허크는 짐을 넘겨주려는 이유가 자신의 신념 때문이 아니라 사회의 통념 때문이라는 사실을 깨닫게 된다. 마침내 자기가 쓴 편지를 살펴본 허크는 멋지게 선언한다.

> 아슬아슬한 순간이었다. 나는 편지를 들어 손에 쥐었다. 떨렸다. 영원히 둘 중에서 어느 하나를 선택해야 하니까. 알고 있었다. 잠시 고민했다. 그러니까 숨을 멈추고 말이다. 그리고 나 자신에게 이렇게 말했다. '그렇다면 좋아. 지옥에 가겠어.' 그러고는 편지를 찢어버렸다.

이 문장에서 허크는 결정을 내렸을 뿐만 아니라 두 가지 행동에 따르는 결과를 모두 완벽하게 인식하고 있음을 알 수 있다. 허크는 지옥에 가는 것이 짐을 왓슨 부인에게 돌려보내는 것보다 고통스럽다는 걸 알고 있었지만, 더 힘든 선택을 하는 용기를 보이며 자신의 행동에 따르는 책임을 기꺼이 받아들인다.

특별한 아이들은 허크와 같은 시기를 겪으면서 성장한다. 그들은 올바른 선택을 할 수 있을 정도로 결단력이 있고 도덕적이며 용감하다. 그 선택 때문에 자신이 소외될 수 있다는 사실을 알면서도 말이다. 이 이야기를 통해 아이들은 선택에서 가장 중요한 것이 무엇인지를 배우게 된다. 위대한 선택을 할수록 힘들고 외로울 수 있다. 그러나 용기와 신념을 가지면 다른 사람들이 쉬운 길을 택할 때 어려운 길을 택할 수 있는 힘을 얻게 된다.

마지막으로 하퍼 리Harper Lee의 퓰리처 수상작 《앵무새 죽이기To Kill a Mockingbird》는 56호 교실에서 성서와 같은 책이다. 페이지 하나하나에 유머와 진실, 지혜가 담겨 있다. 올바른 결정을 내리는 연습을 하는 아이에게 지금까지 살아오면서 얻은 모든 지식을 동원해 선택해야 하고 그에 뒤따르는 결과는 자신의 몫이라는 것을 일깨우자. 또 어려운 결정을 내리기에 삶의 무게가 너무 견디기 힘들다면 애티커스 핀치가 다른 사람과 똑같이 행동해야 한다는 압박감에 대해 조언한 말을 일러주자.

> 하지만 다른 사람과 함께 살아가기 전에 먼저 나 자신과 함께 살아야 해. 다수결의 원칙에 따르지 않는 것이 있다면 그건 바로 한 인간의 양심이지.

수많은 가능성 앞에 놓인 아이들

경기는 거의 반이 지났다. 다저스가 한 점을 추가했지만 여전히 카디널스가 3 대 2로 앞서고 있었다. 전광판 스크린에서는 넘어지거나 실수하는 선수들의 모습이 나와 관중을 즐겁게 했다. 그때 내 눈에 들어온 우리 반 아이들은 서로 웃고 떠들면서 다저스가 경기에서 이길 가능성

선택의 갈림길에서 유용한 참고 자료를 보여줘라

자녀의 삶에 지나치게 관여하는 부모와 충분히 관여하지 않는 부모 사이에는 큰 차이가 없다. 아이는 혼자 힘으로 자기 삶을 이끌어 나가야 한다.

여러 영화와 문학에는 자신에게 진실했던 주인공들과 '결정'에 얽힌 다양한 이야기가 나온다. 아이와 함께 생각할 거리들을 고민해 보자.

에 대해 유치한 내기를 하고 있었다. 아이들이 화면을 보지 않고 서로 이야기하는 모습에 내심 기뻤다. 현명한 선택을 내려야 하는 세상에서 얻은 작은 승리였다. 수백만의 선택이 이 아이들을 기다리고 있기에 난 아이들이 올바른 선택을 위해 착실하게 준비하길 바랐다.

즐겁게 웃고 떠드는 아이들을 보니 밤이면 유모차를 끌고 마을을 돌아다닌다는 캐런이 떠올랐다. 아기가 있기는 하지만 캐런도 아직은 어린 소녀에 지나지 않는다. 나는 지금도 캐런과 그 아기가 모두의 예상을 뒤엎고 생산적인 삶을 살 것이라 확신한다. 캐런은 언제나 인생에서 특별한 것을 이룰 능력을 지니고 있었다. 잘못된 선택으로 인생길에 험난한 장애물이 놓이긴 했지만 젊음과 지혜, 다른 사람의 도움으로 모두 극복할 수 있다.

앞에 놓인 수많은 가능성을 꿈꾸고 있을 린다도 생각났다. 린다는 올바른 선택을 하기 위해 노력했고, 그 결과로 학교, 직업, 남자 친구, 여행, 그리고 수많은 친구들이 그녀를 기다리고 있다. 오! 앞으로 린다가 갈 곳이란…….

5회

셰익스피어처럼 청소하기

〉 책임감 〈

"어차피 거리를 청소할 운명이라면, 셰익스피어가 시를 쓰듯 그렇게 하라."
마틴 루서 킹의 이 말은 비단 일에는 귀천이 없으니 자부심을 갖고 일하라는 뜻만 있는 게 아니다.
우리는 '칭찬은 고래도 춤추게 한다'는 일념으로 아이에게 잘못된 자긍심을 심어줄 때가 많다.
노력 없이 공짜로 이루어지는 것은 절대 없다는 사실도 가르쳐야 더욱 큰 사람이 될 수 있다.

5회가 막 시작되려고 할 때 제시카와 요요가 물을 마시고 싶어 했다. 밤 9시가 지나고 있었다. 어두운 데다 주변에 있는 관중들이 맥주를 마시고 있었기 때문에 아이들을 데리고 구내매점으로 향했다. 경기장이 상당히 조용해서 잠깐이면 다녀올 줄 알았다. 그러나 천만의 말씀이었다.

서둘러 계단을 뛰어올라 갔지만 매점 가판대의 물은 이미 다 떨어지고 없었다. 매점을 보는 10대 소녀는 휴대전화로 친구와 통화 중이었다. 그 모습을 보면서 영화 〈자동차 대소동Planes, Trains and Automobiles〉에 나오는 장면을 떠올리지 않을 수 없었다. 주인공 닐 페이지(스티브 마틴 분)는 차를 렌트하려고 애쓰지만 수화기를 붙잡고 끊임없이 수다를 떠는 여직원 때문에 폭발하기 직전이다. 참다못한 닐은 깜짝 놀랄 정도로 험악하면서도 우스꽝스러운 욕설을 퍼붓고 만다. 삶은 무릇 예술을 모방한다고 한다. 스낵 가게의 이 점원도 영화 속 여성과 조금도 다를 바 없었는데, 우리를 도와주려고 서두르는 기색은 전혀 찾아볼 수 없었다. 마침내 점원이 전화를 끊고 본연의 업무로 돌아오자 아이들은 물 두 병을 주문했다.

"뭐라고요?"

지겹다는 투로 점원이 물었다.

"물 두 병만 주시겠어요?"

아이들이 한 번 더 얘기했다.

"음, 잠시만 기다리세요."

쪽문 뒤로 사라진 점원은 1분이 넘도록 나타나지 않았다. 다시 모습을 드러낸 그녀의 손에는 콜라와 크래커 상자가 들려 있었다.

"미안한데요, 아이들은 물을 달라고 했어요."

내가 말했다.

"아, 예, 그랬죠."

점원은 물병을 들고 다시 나타났고, 금전 등록기에 7달러를 입력했다. 아이들은 10달러짜리 지폐를 건넸다. 10달러를 받아든 점원은 5달러를 거슬러 주었다. 아이들은 서로 바라보다가 나를 쳐다보았다.

"음, 거스름돈이 너무 많은데요." 제시카가 말했다. "3달러만 주시면 돼요."

점원은 "그러시든가요" 하고 대답했다.

그제야 우리는 물을 들고 자리로 돌아왔다. 그사이 카디널스가 바삐 움직였던 모양이다. 원아웃만으로 1루와 3루에 주자를 내보냈다. 남자 아이들이 이런저런 데이터를 점수표에 기록해 두었기 때문에 우리는 금세 상황을 따라잡을 수 있었다.

능수능란하게 점수표를 기록하는 아이들과 지겨움에 어쩔 줄 몰라 하는 매점 직원의 상반된 모습은 중요한 교훈을 떠오르게 했다. 벤저민 프랭클린Benjamin Franklin은 이렇게 썼다.

"어차피 할 일이라면 제대로 하라."

프랭클린과 논쟁하는 것은 결코 현명하지 못한 처사다. 우리는 이 말에 담긴 뜻을 아이에게 심어줄 필요가 있다.

일의 가치를 말하는 훌륭한 금언은 수없이 많지만, 내가 가장 좋아하는 것은 마틴 루서 킹Martin Luther King Jr.의 격언이다. 그는 최선을 다하는 것에 대해 이야기하면서 작자 미상의 시를 자주 인용했는데, 몇몇 연설에서 이 시의 구절을 변형해 많은 이에게 감명을 주었다. 내가 아이들의 머릿속에 새겨주고 싶은 구절은 다음과 같다.

어차피 거리를 청소할 운명이라면,
미켈란젤로가 그림을 그리듯,
셰익스피어가 시를 쓰듯,
베토벤이 곡을 작곡하듯 그렇게 하라.

자기 일에 자부심을 갖지 못하는 사람들이 많다. 일이 틀어지거나 미완성으로 끝나면 수많은 손가락이 희생양을 찾아 이곳저곳을 가리킨다. 비난받고 싶은 사람은 아무도 없다. 하지만 우리 사회 곳곳에서 은밀하게 이루어지는 모종의 음모가 물 두 병 주문하는 것도 어렵게 만드는 잘못된 직업의식을 만들고 있다.

아이들은 무슨 일을 하든지 자부심을 가져야 한다. 어차피 거리를 청소해야 한다면 셰익스피어처럼 최선을 다할 필요가 있다는 것이다. 학교의 학력 평가 정책이 잘못된 직업의식을 양성하는 데 일조한다는 것을 부모들은 알아야 한다. 많은 학교에서 학사 기준을 낮추는 바람에 교사와 교직원이 일을 제대로 하고 있는 것처럼 느껴질 정도다. 예를 들어 최근에 있었던 직원회의에서 학교 간부들이 지난해 시행됐던 표준화 평가 결과를 검토했는데, 그들이 한 얘기는 조지 오웰의 소설 《1984》에 등장하는 진리부에 대한 윈스턴 스미스의 보고를 연상시켰다.

우리 아이들이 수학 과목에서 굉장한 성적을 거두고 있다는 얘기였다. 굉장한 성적이라고? 학생 중 약 40퍼센트가 연말에 치렀던 수학 시험을 통과하지 못했는데도 말이다. 다른 학교 점수가 워낙 나빴기 때문에 상대적으로 높은 성적을 얻은 것을 두고 자화자찬한 것이다. 사회에서 40퍼센트 낙제는 결코 굉장한 성과라 할 수 없다는 점을 누구 하나 용기 내어 지적하지 못했다. 사회에서 40퍼센트 낙제는 해고통지서나 다름없다. 성적이 좋은 학교라는 이미지를 만들기 위해 현실과 다른 사실을 공표할 때 아이들은 잘못된 메시지를 받게 된다.

사실 요즘 아이들은 행동에 반드시 결과가 따르는 것은 '아니다'라는 식의 가르침을 간접적으로 받고 있다. 학교가 외부 기관의 협박에 못 이겨 제멋대로 구는 아이들도, 교육 당국에서 정한 학력 기준에 훨씬 못 미치는 아이들도 눈감아 주고 통과시키는 것이 현실이다.

전형적인 공립 교육기관인 호바트 초등학교에서 5학년 학생들은 매년 6월에 졸업하고 중학교로 진학한다. 지난해 같은 학급에서 공부하던 몇몇 불량 학생들이 졸업식 예행연습 내내 교사와 또래 학생 들에게 노골적으로 욕지거리를 했다. 교사들은 망나니 같은 아이들이 졸업식에 참석하지 못하도록 막아야 한다고 주장했지만, 돌아온 대답이라곤 아무리 행동거지가 바르지 못하고 학교 성적이 터무니없는 아이들도 빠짐없이 졸업식에 참석해야 한다는 것이었다.

모든 학생이 함께 가야 한다고? 말도 안 되는 소리다. 다음 단계로 나아갈 준비를 제대로 갖추지 못한 아이는 함께 갈 수 없다. 이런 아이에게는 누구보다 많은 관심과 도움이 필요하다. 글도 모르고 교과 과정도 제대로 마치지 못한 아이를 다음 단계로 넘기는 것은 잘못된 일이다. 그것은 학교에 있는 모든 이에게 그릇된 메시지를 전달할 뿐이다.

한 교사가 자신이 맡고 있는 폭력배 같은 학생이 '좋은 아이'라는 소리를 들었다. 이 아이는 늘 다른 사람을 다치게 하고 학급에 분란을 일으키며 공부도 전혀 하지 않았다. 미안하지만 이런 아이는 좋은 아이가 아니다. 언젠가 좋은 학생이 될 가능성은 있지만 우선은 현실을 직시하자. 다른 사람에게 상처를 주고 모든 과목에서 낙제를 하는 학생은 어디에 있어도 좋은 아이가 될 수 없다.

우리 학교에는 '수학의 날'이라는 경진 대회가 있다. 학생이 꼭 배워야 할 수학 지식을 시험으로 만들어 학급에서 치르는 재미있는 행사다. 대회가 끝나면 시험 문제 중 절반도 못 맞힌 학생들까지 상을 받고 피자 파티를 열며 이렇게 말한다.

"우리 모두 승자다."

미안하지만 사실이 아니다.

쉬운 수학 시험을 치르게 했는데도 90퍼센트를 틀렸다면 그 아이들은 승자가 아니다. 아이들의 자긍심을 세워주려는 노력은 나도 이해하고 박수를 보내지만, 아이들에게 거짓말을 하는 것은 장기적인 관점에서 전혀 도움이 되지 않는다.

사람들을 관찰하게 하라

매일 만나는 사람들을 관찰하는 것도 아이에게는 좋은 교육이 된다. 친구, 스승, 심지어 낯선 사람의 직업의식을 관찰하는 것은 그것이 좋든 나쁘든 중요한 인생 수업으로 향하는 문을 열어줄 수 있다.

오늘날에는 다른 사람을 평가하지 않는 것이 정치적으로 옳은 일이 되었다. 이런 정서 뒤에 숨은 인간의 마음도 쉽게 이해되지만, 실제로 우리는 일상생활에서 수많은 평가를 내린다. 학교, 병원, 미용실을 선택

우리 아이들은 모두 승자?

요즘 아이들은 행동에 반드시 결과가 따르는 것은 '아니다'라는 식의 가르침을 간접적으로 받고 있다. 아이들의 자긍심을 세워 주려는 노력은 박수를 보낼 만한 일이지만, 아이들에게 거짓말 을 하는 것은 장기적인 관점에서 전혀 도움이 되지 않는다.

할 때면 우리 기준에 맞춰 그들의 능력이 뛰어난지를 따진다. 하루를 마무리할 때 아이에게 그날 만난 사람들을 떠올리게 하는 것도 좋은 일이다. 셰익스피어처럼 청소하는 사람들도 있고 그렇지 않은 사람들도 있다. 제대로 일하는 것의 가치를 알 때 아이는 이 철학의 주인이 될 수 있을 것이다.

몇 달 전 우리 교실에 어떤 제의가 들어왔다. 애리조나 주에 직접 와서 아이들이 지닌 훌륭한 언어 능력을 열정적인 교사들에게 보여주지 않겠냐는 요청이었다. 모두가 그날만을 손꼽아 기다렸다. 살던 지역을 벗어난다는 점, 우호적인 교사들 앞에서 공연한다는 점, 새로운 풍경을 볼 수 있다는 점에서 그 여행은 아이들에게 크나큰 즐거움을 안겨줄 행사였다. 하지만 그 누구도 곧 들이닥칠 악몽을 예견하지 못했다.

오전 08시 30분: 우리가 탈 비행기는 로스앤젤레스 공항에서 오전 11시에 출발할 예정이었다. 피닉스까지 가는 짧은 비행이었지만 그간 수없이 여행을 다녀본 터라 우리는 비행기가 출발하기 두 시간 반 전인 8시 30분에 공항에 도착했다.

오전 08시 40분: 우리가 비행기 표를 손에 쥐고 있는데도 안내원은 비행기에 좌석이 없을 수도 있다는 사실을 알려주었다. 항공사가 실제 좌석보다 많은 항공권을 판매했기 때문이다. 그 비행기를 타러 맨 처음 도착한 데다 두 시간이나 일찍 갔는데도 안내원은 다른 지시 사항이 오면 금방 전달하겠다며 우리에게 기다리라고 했다.

오전 09시 30분: '금방'이란 말은 어디까지나 상대적인 표현이었다. 한 시간이 다 되어서야 찾아온 담당자는 우리를 비행기에 태우기로 결정했는지 검색대를 통과시켜 주었다.

오전 10시 00분: 우리는 탑승구에 도착해 대기 구역에 앉았다. 카운터의 젊은 여성이 우리를 불렀다. 아래층에서 전갈을 받았다며 미안하지만 착오가 있었다고 말했다. 이 비행기에는 탑승할 수 없으니 아래층으로 다시 내려가라는 것이었다. 게리라는 사람이 도와줄 것이라면서 말이다. 충격을 받긴 했지만 비행기에 실으려고 수화물 표를 붙인 우리 짐을 어떻게 되돌려 받을지 물을 정신은 남아 있었다. 아마도 게리가 모든 답을 갖고 있는 듯했다. 아래층에서 대기하고 있다가 곧장 우리를 도와줄 것이란다. 왜 이런 일이 벌어지는지에 대한 해명을 듣기 위해 노력했으나 그저 이상한 날이라는 대답만 돌아왔다. 우리 아이들에게는 이런 일이 전혀 우습지 않았다.

오전 10시 20분: 아래층에 도착했다. 게리가 우리를 보더니 잠시 기다려달라고 했다. 전화로 사태를 해결하고 있었다.

오전 11시 05분: 게리가 미소를 지으며 다가왔다. 모든 문제가 해결되었다고 한다. 우리는 로스앤젤레스 공항에서 버스를 타고 (한 시간 거리인) 버뱅크로 가 다른 비행기를 타기로 얘기가 되었다. 그는 이 얘기를 하면서 웃었고 걱정할 필요가 없다고 말했다. 게리는 우리에게 버스를 탈 때 내야 할 증명서를 주었고, 오후 4시에 출발하는 비행기에 탑승하기 전에 아이들이 버뱅크 공항에서 식사할 수 있도록 쿠폰까지 챙겨주었다.

오전 11시 30분: 버스 정거장에서 한 남자가 우리에게 무얼 하고 있는지 물었다. 나는 회사 담당자가 버뱅크로 가는 버스를 타라고 알려주었다고 말했다. 그는 140달러를 내라고

했다. 그래서 게리가 준 증명서를 보여주었더니 불같
이 화를 내기 시작했다. 증명서 같은 것은 절대로 받지
않는다고 했다. 만약 영화감독 존 휴스턴John Huston과
배우 험프리 보가트Humphrey Bogart가 거기 있었다면 "증
명서? 냄새나는 증명서 따윈 필요 없어!"라고 했을 것
같았다. 하지만 그건 전혀 웃을 일이 아니었다. 나는
남자에게 돈을 주었다. 그 상황에서 벗어날 수 있다면
무엇이라도 주었을 것이다.

오후 12시 40분: 버뱅크 공항에 도착했다. 예상대로 식사 쿠폰은 아무
소용이 없었다.

오후 05시 15분: 비행기가 피닉스 땅에 닿았다. 가방 몇 개가 분실되었
고, 다시 찾는 데 일주일이 넘게 걸렸다. 공연하는 데
필요한 수많은 물품이 사라졌다.

끔찍한 날이었지만, 이런 재앙 같은 경험도 아이들에게 '뛰어나다'라
는 개념을 심어주는 데 이용할 수 있다. 그날 저녁 우리는 호텔에서 낮
에 있었던 사건들을 하나하나 되짚어보면서 시간을 보냈다. 우리가 만
났던 수많은 직원들의 무능뿐만 아니라 겉으로 드러난 불성실한 태도
에 대해서도 곰곰이 생각했다.

다음 날 아침 애리조나 학교에 도착한 학생들은 마중까지 나온 헌신
적인 선생님들에게 융숭한 대접을 받았다. 자기 일에 자부심을 갖는 사
람들이 있는가 하면 그렇지 못한 사람들도 있다. 여행은 아이들이 그 차
이를 배울 수 있는 훌륭한 방법 중 하나다.

직업의식 평가 놀이

하루를 마무리하는 자리에서 아이들에게 그날 만난 사람들을 떠올려 보게 하자. 셰익스피어처럼 청소하는 사람들도 있고, 그렇지 않은 사람들도 있다. 제대로 일하는 것의 가치를 알 때 아이들은 이 철학의 주인이 될 수 있을 것이다.

5회 초 카디널스가 2점을 추가하며 5 대 2로 더욱 앞서 나갔다. 경기가 겨우 절반을 지났을 뿐인데도 벌써 자리를 뜨는 사람들이 있었다.

제시카와 예림은 점수표를 지우고 있었다. 점수표를 더럽히지 않으려고 구원투수를 연필로 기록해 두었던 것이다. 중요한 것은 이처럼 세심한 주의를 기울이는 것이다. 누구도 그 점수표를 보진 않을 것이다. 아이들은 누가 시키지 않았는데도 할 일을 알아서 하고 있었다. 그렇다고 성적을 잘 받는 것도 아닌데 말이다. 아마 그 점수표는 이틀이면 재활용 상자에 들어가거나 서랍 구석에 처박힐 것이다. 하지만 특별한 아이들에게 '뛰어남'이란 학교 안에서 얻으려고 애쓰는 것이 아니라 삶의 방식 그 자체다. 이 꼬마 숙녀들은 그 철학을 이해한 것이다.

굉장히 중요한 점 하나를 다시 한 번 강조하고 싶다. 경기 내용을 기록하는 이 아이들은 뛰어나다. 하지만 이 아이들은 지능이 높거나 선천적으로 재능을 타고난 것이 아니며, 미국 각지의 수백만 아이들과 별반 다를 게 없다. 이들이 특별하게 된 것은 일관된 메시지로 지도하는 훌륭한 부모님과 선생님이 있었기 때문이다. 많은 젊은이들이 '셰익스피어처럼 거리를 청소하지' 않는다. 일상생활에서 일관된 메시지를 받지 못하기 때문이다.

어른들은 요즘 젊은이들이 행동에는 결과가 따른다는 것을 모른다고 불평한다. 물론 학교와 가정에서 아이가 막무가내로 권리를 요구하는 태도를 보일 때가 자주 있다. 하지만 아이의 입장에서 보면 이 세상에서 자기가 가진 권리가 매우 적다는 걸 이해하지 못하는 것도 납득이 된다. 어쨌거나 아이가 직접 학교에 지원할 수는 없었을 테니 말이다. 집 주소가 입학에 필요한 유일한 조건이었다. 어떤 학교에서는 아침과 점심도 무료로 제공한다. 과외 활동에서 배제되는 아이들도 거의 없다. 대부분의 학교에서는 견학을 갈 때 아이들을 모두 데리고 간다. 학급에서 잘못을 저지른 학생이나 수업에 뒤떨어진 학생도 버스에 오른다. 교사들은 종종 좌절감을 느낀다. 필요할 때 아이들을 다스릴 수 있는 힘이 '모든 아이가 함께 가야 한다'는 관료적 압력에 의해 제대로 발휘되지 못하기 때문이다. 아이를 감독하는 교사의 힘이 약해지면 진심으로 노력하지 않고도 원하는 것을 얻을 수 있다는 잘못된 생각을 갖게 된다. 무슨 잘못을 저지르든 공짜로 아침을 먹고 동물원 구경을 갈 수 있기 때문에 학업에 대해서는 더 이상 신경 쓰지 않는다. 이런 일은 이제 그만 일어나야 한다. 학부모와 교사가 협력하면 그렇게 만들 수 있다.

몇 년 전에 토요일 아침마다 수업하는 학생들과 흥미로운 사건을 겪었다. 반에는 6학년부터 9학년까지 학생 50여 명이 있었다. 6학년은 셰익스피어 희곡, 독해, 대수학, 어휘를 공부한다. 정규 수업은 물론이고 토요일 수업에서도 좋은 성적을 거둔 학생들은 이듬해 여름에 열리는 오리건 셰익스피어 축제에 초대를 받는다.

당시 메리는 6학년 학생이었는데 갑자기 사춘기가 오면서 중학교에 들어갈 때쯤 집중력을 많이 잃었다. 학습 태도가 예전 같지 않았고, 토요일 수업에 몇 차례 빠지기도 했다. 그해 말 나는 메리와 어머니를 만나 메리가 셰익스피어 축제에 갈 권리를 얻지 못했다고 설명했다. 어머니와 딸은 울음을 터트렸다. 어머니는 맘이 상했지만 정중했고, 집으로 돌아가서 딸과 이야기해 보겠다고 약속했다.

메리의 반 친구였던 크리스틴은 그해 중반 토요일 수업을 중단했다. 나는 크리스틴의 어머니에게 전화를 걸어 토요일 수업을 그만두는 것은 실수라고 말했다. 아이들은 약속했으면 지켜야 한다는 사실을 배워야 하기 때문에 중간에 그만두는 것은 위험한 습관이다. 크리스틴의 어머니는 내 말에 동의하지 않았고, 결국 일이 그렇게 되었다.

이듬해 초여름 셰익스피어 축제에서 돌아온 뒤 나는 두 소녀 모두에게 연락을 받았다. 메리는 나와 이야기를 나누기 위해 찾아왔다. 자신이 학업에 소홀했다는 사실을 시인하고, 가을 학기가 시작되면 다시 토요일 수업에 참여할 수 있을지 물었다. 나는 학사 일정을 건네면서 수업에서 다시 볼 수 있으면 좋겠다고 말했다.

놀랍게도 수업을 그만둔 지 거의 여섯 달이 지나 크리스틴에게도 연락이 왔다. 가장 큰 이유는 4학년인 동생이 여름 동안 내게 기타를 배울 수 있을지 묻기 위해서였다. 나는 동생을 위해 기타를 하나 마련했다. 크리스틴의 동생은 그때부터 다른 30여 명의 아이들과 무료 음악 수업을 들었다. 하지만 수업에 참여한 지 6주가 지나 동생도 수업을 그만두었다. 힘들다는 게 이유였다.

가을이 다가오면서 학생들이 토요일 수업을 신청하기 시작했다. 여름 내내 모든 아이들에게 학사 일정을 공개했는데도 수업이 시작되기 바로 직전인 금요일 한밤중에 크리스틴에게 이메일을 받았다. 수업을 다시 시작하려고 계획한다는 내용이었다. 그날 밤 토요일 수업은 진지한 학생을 위한 진지한 수업이기 때문에 크리스틴에게는 맞지 않을 것 같다는 염려를 담아 답장을 보냈다. 토요일 수업을 다시 시작하는 건 언제나 환영이지만 시작했던 일을 제대로 끝내길 바랐다. 밤 12시 15분쯤 답장을 보낸 나는 다음 날 아침 새로운 수업을 시작하기 전에 몇 시간이라도 눈을 붙일 요량으로 잠자리에 들었다.

새벽 4시 45분에 잠에서 깬 나는 이메일을 확인하고 크리스틴의 메시

아이의 잘못을 가르칠 때 유의할 것은?

아이를 감독하는 부모와 교사의 힘이 약해지면 진심으로 노력하지 않고도 원하는 것을 얻을 수 있다는 잘못된 생각을 갖게 된다. 아이가 무슨 잘못을 저지르면 얼렁뚱땅 넘어가지 말고, 자신의 잘못을 깨닫고 고칠 수 있도록 이끌어줘야 한다.

지를 발견했다. 컴퓨터를 켤 때까지만 해도 잠이 덜 깨 비몽사몽이었지만 메시지를 읽고 나자 정신이 번쩍 들었다. 짧고 직설적인 내용이었다. 6학년 학생이 썼다고는 믿기지 않을 만큼 험악한 욕설과 비방과 분노로 가득 차 있었다. 나름대로 걸러서 요약해 보면, 크리스틴은 수업에 참여하지 않겠다는 의사를 확실하게 알려주었다. 그러면서 내게 지옥에나 가라고 말했다.

아이들을 키우다 보면 이런저런 고충을 겪을 수밖에 없다. 이 아이가 바로 내가 1년 동안 가르치고, 워싱턴 D.C.에 데려가고, 특별한 여름학교 수업료를 내주었던 그 아이다. 하지만 권리에 대한 잘못된 가르침이 분노를 일으켰다. 부모가 뭐든지 공짜라고 생각하고 살도록 가르쳤던 것이다. 하지만 그것은 사실이 아니다. 대가를 치러야 한다. 지금부터는 이런 메시지를 효과적으로 납득시키는 데 도움이 되는 몇 가지 방법을 제안하겠다.

세상에 공짜란 없다는 것을 가르치려면

차별의 긍정적인 의미

'차별'은 평판이 안 좋은 대표적인 단어다. 인종차별이라는 부끄러운 역사에 묶여 차별은 편협과 동의어가 되었다. 하지만 이 단어에는 긍정적인 의미도 있는데, 바로 다양한 정보를 구별하는 능력이 그것이다. 뛰어난 사람이 되려는 어린 학생들은 차별하는 법을 배워야 한다.

가족과 영화를 보거나 문학 작품을 읽을 때는 양보다 질에 초점을 맞춰야 한다. 뛰어나다는 것이 어떤 것인지(그리고 어떤 것이 아닌지)를 모르면 뛰어나려는 노력을 경주할 수 없다. 특별한 아이들은 학교에서 다른 친구들이 얘기한다는 이유만으로 영화를 보러 가지 않는다. 특별한 아이들은 차별화된 취향을 가지고 허위와 실체를 분리하는 법을 배운다.

아이가 어떤 선택을 할 때면 항상 그 이유를 설명해 달라고 하자. 가능한 한 그 결정을 지지하되 식별하는 과정을 거치도록 일깨우자. 그 결정이 식당에서 음식을 고르는 것이든, 도서관에서 책을 선택하는 것이든, 가게에서 장난감을 고르는 것이든 아이들은 다른 선택을 했을 때의 이점을 생각할 필요가 있다. 메뉴판에 있는 모든 음식이 똑같이 맛있지는 않다. 미용실에 있는 미용사들이 모두 똑같은 기술로 머리를 자르는 것은 아니다. 차별화된 취향을 가진 아이들은 더 높은 곳에 닿을 가능성이 많다.

우물 안 개구리 꺼내기

예술이 아이 삶의 일부가 되어야 한다는 것은 아무리 강조해도 지나치지 않다. 바이올린을 연주하거나 그림을 그리면서 얻는 책임감, 자제심, 행복감은 일생을 그 사람과 함께한다. 하지만 아이의 음악적·미술적 재능을 한층 더 발전시키려면 비슷한 마법을 만들기 위해 노력하는 또래 친구들에게 지속적으로 노출시켜야 한다.

한번은 음악을 만들려고 고군분투하는 규모가 꽤 큰 고등학교 오케스트라를 본 적이 있다. 배경도 빈약하고 경험도 부족했지만 출발은 좋아 보였다. 하지만 좋은 출발, 그게 다였다. 이 젊은 음악가들은 칭찬받아 마땅하지만 그와 동시에 지금의 실력을 다음 단계로 끌어올릴 자극도 필요했다. 하지만 담당 교사는 아이들이 이 나라 최고의 고등학교 오케스트라라고 생각하게 만들었다(물론 좋은 의도에서였겠지만). 학생들은 지금까지 쌓은 실력만으로도 어느 날 필하모닉 오케스트라 단원이 되어 연주할 수 있을 것이라고 믿었다. 그럴 가능성은 골프 경기에서 내가 타이거 우즈를 이길 확률만큼이나 낮다.

이 젊은 음악가들은 또래의 다른 아이들이 얼마나 훌륭하게 연주하는
지를 지켜볼 필요가 있다. 아이가 더 열심히 공부하고 훌륭한 일을 이루
길 바란다면 자신의 세계가 좁다는 것을 이해시켜야 한다. 똑같이 공부
하고 연습하면서 더 높은 수준에 올라선 친구들도 있다는 사실을 알아
야 한다. 아이를 낙담시키라는 게 아니라 현실을 보여주라는 것이다. 누
군가를 억지로 위대하게 만들 수는 없다. 훌륭한 체스 선수는 더 훌륭한
체스 선수와 경기해야 한다. 우리 아이가 교내에서 책을 가장 많이 읽은
학생일 수는 있지만 전국 또는 세계에는 그보다 훨씬 높은 수준의 책을
읽는 아이들이 수없이 많다는 사실을 알아야 한다. 뛰어난 사람을 만드
는 데는 진실만 한 게 없다.

일에 대한 자부심을 가진 영화 주인공들

자기 일에 자부심을 가진 사람이 등장하는 좋은 영화는 셀 수 없이 많
다. 좋은 작품인데도 큰 빛을 보지 못한 디즈니사의 2002년 작 〈루키The
Rookie〉는 모든 연령대의 아이가 좋아할 만한 영화다. 일반적인 영화 공
식을 따르고 있지만 그래도 잘 만들어진 영화다. 이 영화에는 아주 어린
아이들과도 토론하며 교훈을 일깨울 수 있는 짧지만 멋진 장면이 등장
한다. 주인공은 외로운 소년이다. 야구를 사랑하지만 직업군인인 아버
지를 따라 전국을 떠돌아다니기 때문에 야구팀에 들어갈 수 없다. 결과
적으로 이 어린 투수는 결코 자신의 첫사랑을 좇을 수 없는 처지였다.

어느 날 혼자서 텍사스의 작은 마을을 돌아다니다 야구 양말을 사러
가게에 들어간다. 하지만 아무리 찾아도 원하는 양말이 보이지 않는다.
가게는 아이의 영혼만큼이나 외롭게 텅 비어 있었고, 소년은 크게 실망
했다. 하지만 아이의 슬픔을 알아챈 가게 주인이 아이를 한쪽으로 데려
가 원하는 양말을 찾을 수 있도록 카탈로그를 보여준다.

아이들은 이 장면에서 미묘하지만 중요한 교훈에 주목해야 한다. 다른

사람들은 소년에게 관심을 주기는커녕 보던 텔레비전 쇼나 스낵에 빠져 있다. 하지만 가게 주인은 할 수 있는 한 최선을 다해 소년을 돕는다. 그는 모든 손님이 중요하다는 것을 알고, 자신이 할 수 있는 일을 해서 소년이 행복해진다면 그것은 선한 행동일 뿐만 아니라 스스로 선택한 삶의 목적이라는 것을 안다. 아이가 방을 청소하거나 숙제를 할 때 이 가게 주인이 보여준 태도로 임할 수 있도록 지도하자. 자기 자신도 모르는 방법으로 슬픔에 빠진 어린 소년을 도왔던 이 세심한 어른과 같은 태도를 가르치자.

셰익스피어처럼 청소하는 것이 쉽지는 않다. 특히 유혹적인 지름길이나 하룻밤 사이의 성공 신화가 젊은이에게 잘못된 기대를 심어줄 수 있는 세계에서는 더더욱 그렇다. 존 아빌드센John Avildsen 감독의 1984년 작 〈베스트 키드The Karate Kid〉는 이런 거짓과 싸우는 좋은 이야기다. 랠프 마치오Ralph Macchio가 연기한 10대 소년 대니얼은 괴롭힘을 당하지 않기 위해 싸우는 법을 배우고 싶어 한다. 가라테가 무척이나 배우고 싶지만 스승인 미야기 씨가 아무 상관도 없어 보이는 일들만 시키는 바람에 대니얼의 실망감은 점점 커져간다. 바쁘기만 한 일에 지쳤을 바로 그때 미야기 씨는 대니얼이 사실은 가라테를 배우는 데 기본이 되는 유용한 기술들을 배우고 있었다는 것을 보여준다. 열심히 일하고 집중하는 법을 배우는 과정에서 대니얼은 가라테 이상의 교훈을 얻는다. 원하는 것은 노력으로 얻어야 하며, 링고 스타Ringo Starr와 조지 해리슨George Harrison의 말처럼 "그것은 쉽게 주어지지 않는다"는 점을 배운 것이다.

학년이 더 높은 아이나 청소년이라면 스티븐 스필버그Steven Spielberg의 걸작 〈라이언 일병 구하기Saving Private Ryan〉를 볼 필요가 있다. 재향군인의 날Veterans Day이면 56호 교실에서는 항상 이 영화를 보는데, 이는 역사 수업의 일부이기도 하다. 초반 20분은 다른 영화에서 볼 수 없는 사실적이고 충격적인 전투 장면이 이어진다. 아이에게 이 영화에 담긴 교훈을 확실하게 심어주려면 밀러 대위(톰 행크스 분)가 죽어가면서 하는 대사를 분명히 이해시켜야 한다. 나는 아이들과 이 영화를 수없이 봤는데, 전장의 소란과 폭발음 때문에 대사를 정확히 알아듣지 못하는 경우가 대부분이다. 밀러 대위는 죽어가면서 자신이 구한 라이언 일병(맷 데이먼 분)에게 "희생을 헛되이 하지 마라"고 말한다. 그다음 장면에서는 50년 후의 라이언 일병이 밀러 대위의 무덤 앞에 서서 자신이 살아온 삶을 돌아본다. 그는 부인에게 훌륭한 사람이 되어 모범적인 삶을 살고 있다고 말해달라고 한다. 아이들도 자신이 언젠가는 나이가 들 것이고 라이언과 똑같은 성찰을 하게 될 것임을 알았으면 한다. 살면서 했던 일들에 자부심을 가지게 될까? 할 수 있는 한 최선을 다하게 될까? 라이언 일병은 선물을 받았다. 다른 사람들이 그를 살리기 위해 희생했으니 말이다. 아이도 삶을 함께하는 사람들(부모님, 선생님 등)이 자신의 성공을 위해 희생하고 있다는 것을 이해해야 한다. 아이들이 살면서 거치는 힘든 과제는 자신의 시간과 노력에 대한 존중일 뿐만 아니라 그들이 높은 곳에 닿을 수 있는 기회를 주기 위해 희생한 사람들에 대한 존중이기도 하다.

"셰익스피어처럼 청소하라"는 마틴 루서 킹의 요구도 일맥상통한다. 그 무엇도 거저 주어지지는 않는다. 할 수 있는 데까지 최선을 다하고 성취하려는 모든 바를 얻기 위해 우리는 전력을 다해야 한다.

집안일과 용돈은 별개

현명한 부모는 자녀가 돈의 가치를 알길 바라는 마음에 대부분 일주일 단위로 용돈을 준다. 이것은 바람직한 일이다. 용돈을 주는 방식은 각자 다르지만, 대부분은 자녀가 나이가 들면 그에 따라 용돈의 액수도 늘려야 한다고 생각한다. 현명한 어머니와 아버지는 자녀가 용돈으로 쓸 것, 저축할 것, 기부할 것을 잘 배분하도록 가르친다. 그런가 하면 아이가 계획 없이 용돈을 다 써버려 친구와 영화 보러 갈 돈이 없어도 절대 도와주지 말아야 한다.

그러나 집안일을 용돈과 연결시키는 것은 실수다. 돈을 벌기 위해선 일을 하는 게 마땅한지라, 부모가 집안일을 거든 아이에게 용돈을 주는 것은 이해할 만하고 아이에게 좋은 교훈을 주는 것처럼 보인다. 하지만 집안일은 가족을 위해 주는 선물이 되어야 한다. 부모가 돈을 받고 저녁을 준비하지 않듯 아이도 방을 치우거나 욕조를 청소한 대가로 돈을 받아서는 안 된다. 콜버그에 따르면, 도덕성 발달의 두 번째 단계에서는 보상을 얻기 위해 어떤 일을 하지만 6단계로 사고하는 사람에게는 일하는 것 자체가 보상이다. 그리고 일을 제대로 할수록 보상도 커진다. 자기 방을 늘 깨끗하게 청소하는 아이가 서류철을 체계적으로 정리하고 학교 숙제를 꼼꼼하게 완수할 가능성이 더 높다. 또 용돈은 돈을 관리하는 훈련을 시키는 데 유용하다. 여기서 더 나아가 우리는 대부분의 아이들이 이해하지 못하는 더 높은 원칙을 가르쳐야 한다. 바로 일을 제대로 처리하는 것이 무엇보다도 큰 보상이라는 것이다.

학교와 가정은 똑같다

빌 게이츠Bill Gates라는 놀라운 인물은 큰 인기를 얻었던 '삶의 규칙Rules for Living'을 만든 사람으로 잘못 인용되곤 한다. 많은 사람이 빌 게이츠가 이 규칙을 만들었다고 믿고 있지만, 사실 그것은 작가이자 교사인 찰스 사이크스Charles Sykes의 작품이다. 이런 사태가 발생한 것이 빌 게이츠의 잘못은 아니지만 그 연유는 따져볼 필요가 있다. 사이크스는 책을 여러 권 썼다. 그의 정치적 견해가 모두에게 받아들여진 것은 아니지만, 아이에게 들려주면 좋은 의미 있고 재미있는 금언을 많이 만들었다. 그 가운데 내가 좋아하는 구절을 소개한다.

우리가 다니는 학교는 승자와 패자를 가르지 않는다. 삶은 그렇지 않다. 어떤 학교에선 옳은 답을 찾을 때까지 시간을 주기도 한다. 누구도 마음 상하지 않도록 낙제 제도를 없애고 졸업생 대표제도 생략한다. …… 물론 실제 삶은 그와 조금도 비슷하지 않다.

가정에서 보내는 시간과 학교에서 보내는 시간이 모두 제대로 된 삶을 준비하는 데 도움이 된다는 사실을 아이에게 분명하게 이해시키자. 욕설로 장식된 편지를 보냈던 크리스틴과 같은 학생은 일이 마음대로 돌아가지 않으면 화를 낸다. 아이는 거절과 실패가 다시 한 번 노력할 수 있는 기회 또는 그만둘 수 있는 기회를 제공하는 삶의 일부라는 것을 배워야 한다.

한계 위에 한계를 만들어라

어떤 도둑이 은행이 여덟 개 있는 마을에 산다고 치자. 한 곳을 제외한 나머지 일곱 은행은 철저한 방범 시스템 때문에 침입할 수 없다면 도둑은 누군가 제지하지 않는 이상 계속 쉬운 표적만을 노릴 것이다. 아이도 마찬가지다. 부모와 교사가 확실한 한계를 설정하지 않으면 가장 쉬운 길을 따라간다. 아이가 진정으로 자기 일에 자부심을 갖게 하려면 부모와 교사가 상호 보완적인 교훈을 가르쳐야 한다.

교사는 무슨 일을 하든지 최선을 다해야 한다는 생각을 자녀에게 심어주는 데 소홀한 부모를 만나면 좌절감을 느낀다. 마찬가지로 몇몇 훌륭한 부모는 학교의 기준이 너무 낮다면서 실망감을 느낀다. 제한과 기대를 설정하는 것은 교사와 부모가 공동으로 노력해야 할 일이다.

교육자라면 학생이 과제를 제대로 하지 못했을 때 다시 돌려주어야 한다. 학생이 낮은 점수를 받았다면 거기에서 배울 수 있는 것은 과제를 제대로 하지 못했다는 사실 하나뿐이다. 학생은 더 나은 점수를 받을 때

아이의 목적의식과 책임감을 키워주는 노하우

- 아이가 어떤 선택을 할 때면 항상 그 이유를 설명해 달라고 하고, 차별화된 취향을 갖도록 도와라.

- 아이의 재능을 한층 업그레이드시키려면 노력하는 또래 친구들을 항상 곁에 두게 하라.

- 하룻밤 사이의 성공 신화는 없다는 것을 보여주는 영화와 책을 찾아 함께 감상하자.

- 집안일을 용돈과 연결시켜 대가성으로 일하게 하는 것은 큰 실수다. 일을 제대로 처리하는 것 자체가 큰 보상임을 알게 하라.

- 가정, 학교, 사회에서의 삶은 동떨어져 있지 않다는 것을 가르쳐라.

- 아이가 숙제나 집안일을 제대로 하지 않았다면 다시 시켜서 마무리할 수 있게 하라.

까지 과제를 다시 해야 한다. 평범함으로는 학교에서나 삶에서나 설 자리가 없다는 것을 분명히 일깨워 주자.

자녀가 집안일을 아무렇게나 하거나 제대로 끝마치지 않았다면 다시 시켜야 한다. 접시를 깨끗이 씻지 않았거나 빨래를 깔끔하게 개지 않았다면 제대로 할 때까지 시키자. 이런 과정은 일찍 시작할수록 좋다. 냉정하고 즐거움 없는 군대식 교육을 주장하는 것이 아니다. 우리 56호 교실만큼 웃음이 넘치는 교실도 없을 것이다. 하지만 그것은 무슨 일이든 최고의 기대 수준을 충족시킬 수 있다는 자신감과 행복감에서 나오는 교육적인 웃음이다.

행복에는 희생이 따른다

카디널스가 여전히 앞서 있다. 다저스에게 잠깐 희망의 빛이 보이는가 싶었지만 카디널스가 병살로 처리하면서 3점을 앞선 채 5회를 끝냈다. 몇 점 뒤진 홈팀이 점수를 만회하려고 애썼지만 득점 없이 끝나자 아이들은 모두 약간 풀이 죽어 있었다. 세자르는 경기가 여전히 호각이라고 말했다. 승리와 패배는 종이 한 장 차이라는 사실을 알고 있었다. 결과는 정해져 있는 게 아니다. 안타 하나, 스트라이크 하나가 경기 판도를 뒤집을 수도 있다. 나는 세자르에게 삶도 그와 비슷하다고 일러주었다.

아이들이 각자의 점수표를 채우는 동안 나는 나 자신의 통계에 대해 생각해 보았다. 패배는 많았고 승리는 충분하지 않았다. 그것이 단지 좋은 아이와 나쁜 아이의 문제였다면 좋았겠지만, 생각을 가진 사람이라면 그렇게 간단하지 않다는 걸 알 것이다. 뛰어남에 대한 나름의 기준을 만들어 부과하고 일상생활에서 높은 기대치를 설정했던 다섯 명의 눈부신 학생들도 한때 이 자리에 있었다. 지금 이 아이들이 앉아 있는 바로 이 의자에서 점수표를 채웠던 크리스틴을 생각하면 아이들의 미래가 마냥 밝게만 느껴지지 않는다. 한 가지 확실한 것이 있다면, 우리가 마틴 루서 킹처럼 도전을 계속해 나가야 한다는 것이다. 원대한 희망이 가슴 찢어지는 패배로 귀착될 수도 있지만 그 메시지가 실현되는 때가 분명 있을 것이다.

한계에 다다른 학생들이 모두 무너지는 것은 아니다. 맡은 일을 제대로 하지 못해 오리건 셰익스피어 축제에 데려가지 않았던 메리는 고등학교에서 훌륭한 성적을 거두고 있다. 그해 초에는 내게 재미있는 이메일을 보내기도 했다. 더 높은 목표를 추구하라면서 자신을 들볶았던 일을 가지고 나를 놀렸다.

레이프 선생님께
메리예요! 선생님과 새로운 학급을 찾아뵙지 못해 죄송해요. 그때 일들을 생각했어요. 우리를 알고 있고 우리가 하는 셰익스피어 연극도 직접 보러 왔던 선생님 한 분을 만났거든요. 아이들이 셰익스피어 연극을 조금도 줄이지 않고 온전히 무대에 올릴 수 있다는 건 정말 놀라운 일이라고 말씀하셨어요. 우리 반에서 불렀던 노래도 많이 기억하고 계셨어요. 선생님 반에 있었다는 게 정말 뿌듯해요. 그리고 저를 엄격하게 가르친 데에 대해서도 감사드리고 싶어요.
레이프 선생님, 선생님은 제게 많은 기회를 주셨어요. 선생님은 항상 "셰익스피어처럼 거리를 청소하라"고 말씀하셨죠. 하지만 저는 선생님이 아이들을 들볶을 때 이 말을 덧붙여야 한다고 생각해요. "그러면 거리를 청소하게 되지는 않을 거다! 그보다 나은 기회를 갖게 될 거다!"

전 수의사가 될 계획이에요. 선생님께 약속드릴게요. 제가 할 수 있는 한 최고가 될 거라고요.

어떤 일은 제대로 돌아간다. 특권을 얻지 못한 딸이 자기 연민에 빠지지 않게 이끈 현명한 어머니를 높이 평가하자. 메리는 선생님과 부모님의 연합 전선에 직면했다. 행복을 추구하는 데는 희생과 노력이 따르며, 행복할 권리를 당연하게 주어진 것으로 생각하는 것은 잘못이라는 가르침을 얻었다. 메리가 최선을 다한 덕에 언젠가는 병들고 상처 입은 동물들이 훌륭한 수의사의 손에서 새로운 생명을 얻을 것이라고 믿어 의심치 않는다. 메리는 결코 희생을 헛되이 하지 않을 것이다.

6회

우주의 중심은 네가 아니야
~이타심~

아이들은 천성이 이기적이므로 어른이 되면 대충 이 결점이 없어질 거라 생각하는 것은 부모들의 착각이다.
화내고 옥박지르지 않으면서도, 자기중심적이지 않고 다른 사람에게 공감할 수 있는
아이로 키우는 것은 만만치 않은 과제다. 이타주의에 대해 효과적이면서도
지속적인 가르침을 주기 위해서는 노하우가 필요하다.

6회 초 카디널스의 첫 번째 타자가 파울을 범한 공이 날카로운 소리를 내며 우리 자리 근처로 떨어졌다. 공은 계단을 맞고 공중으로 높이 튀어 올랐고, 다시 아래로 떨어져 아빠와 함께 경기를 관람하던 여덟 살가량의 남자아이에게 향하고 있었다. 마침 글러브를 준비해 온 아이가 공을 받으려는 순간 어른 한 명이 떨어지는 공을 잡으려고 아이를 덮쳤다. 난데없는 불청객이 보물을 낚아채 자기 자리로 돌아가자, 아버지는 아들을 안으며 위로했다.

이기심은 다양한 형태와 크기로 분출된다. 이해는 가지만 실망스러울 때도 없지 않다. 인간은 천성적으로 이기적이다. 특출한 아이들은 자기가 아닌 다른 사람을 보는 법을 배우지만, 다른 사람에게 공감하고 사심을 갖지 않는 법을 가르치기란 쉽지 않다. 이런 까닭에 부모와 교사는 아이가 이 우주의 중심은 자기가 아니라는 사실을 깨닫도록 많은 시간을 쏟아야 한다. 그러면 언젠가 그 어린 소년도 망나니 같은 어른 때문에 저녁 시간을 망치지 않고 편하게 공을 잡을 수 있을 것이다.

다행히 오스틴이 아이를 구하러 나섰다. 우리 아이들은 다저스 구단의 초청으로 경기장을 찾은 터라 게임이 시작되기 전에 필드에 내려가 타격 연습을 구경할 수 있었다. 그때 코치 한 사람이 친절하게도 아이들에게 야구공을 하나씩 나눠 주었다. 사실 아이들은 다양한 야구 용품이 담긴 선물 가방을 하나씩 받았다. 다저스 구단의 이런 친절에 감명을 받았던 오스틴은 통로를 걸어 내려가 그 꼬마에게 자신의 야구공을 건네주었다. 아이는 좋아서 어쩔 줄을 몰라 했다. 오스틴의 행동에 고마움을 느낀 아버지는 자리로 돌아가는 오스틴의 뒷모습을 지켜보다가 내게 고맙다는 의미로 고개를 끄덕여 보였다.

케네디 대통령은 미국 전역을 감동시킨 취임 연설로 유명하다. 이 취임 연설의 핵심이 바로 자기를 버리라는 것이었다. 그는 같은 미국인으로서 각자의 개인적 욕망을 제쳐두고 조국을 위해 무엇을 할 수 있는지 자문하자고 촉구했다. 존 F. 케네디와 관련된 뉴스에는 어디에나 이 역동적인 연설이 등장한다. 부대에 출격 준비를 명령하는 듯한 이 연설은 이기적인 천성을 따르려는 아이에게 이타주의를 설명해야 하는 무거운 과제를 안고 있는 학부모와 교사에게 훌륭한 자극이 된다. 훌륭한 부모나 교사는 자기를 버리는 행동이 큰 보상을 가져다준다는 것을 아이가 이해하도록 도울 수 있지만, 그 보상이라는 게 즉각적으로 드러나지 않는 경우가 대부분이다. 어떤 이에게는 자기를 버리라고 가르치는 것이 직관에 반하는 일로 보일지도 모른다. 자기라는 창을 넘어 더 큰 세상을 볼 줄 아는 아이로 키우는 데는 시간과 노력이 필요하다.

오스틴은 자기 공을 꼬마에게 준 일을 자랑하지 않았지만 주변 사람들은 무슨 일이 벌어졌는지 즉시 알아차렸다. 그 흐뭇한 광경에 관중석의 몇몇 어른은 오스틴에게 미소를 보내며 엄지손가락을 치켜세웠다. 마치 이렇게 말하려는 듯했다.

"이 꼬마 같은 사람이 많다면 얼마나 좋겠어요."

오스틴에게도 자기 공을 남에게 줄 생각 같은 건 떠올리지 못했던 시기가 있었다. 지난해부터 오스틴은 자신의 시야를 나 아닌 다른 사람으로 넓히기 시작했다. 이런 변화는 자연적으로 생긴 게 아니다. 아이가 저절로 이기심을 버리게 되는 건 아니라는 얘기다. 실제로 자기중심적인 아이는 자기중심적인 어른으로 성장할 가능성이 크다. 이타주의는 반드시 습득해야 할 중요한 특성이며, 시기가 빠르면 빠를수록 좋다. 이 책에 담긴 모든 교훈이 그렇지만 지속적인 가르침과 조언이 있어야만 아이가 변할 수 있다. 〈스타 트렉Star Trek〉의 팬이라면 〈칸의 분노The Wrath of Khan〉에서 커크 선장에게 큰 깨달음을 줬던 미스터 스폭(레너드 니모이 분)의 대사를 떠올릴 수 있을 것이다.

"다수의 요구가 소수의 요구보다 중요하다."

1인극이란 없다

연극이나 연주회 같은 공연과 관련된 수업에서는 공연에서 맡게 될 역할에 따라 학생들을 나누는 게 보통이다. 연극 교사는 그날 특정 장면을 연습하는 데 필요한 학생들만 데리고 연습하는 경우가 많다. 음악이나 운동도 마찬가지다. 그 장면을 연습하는 아이들에게 더 세심한 주의를 기울이기 위해 교사들이 이런 전략을 채택하는 것도 이해할 만하지만, 이런 방법을 사용할 경우 연습하는 공연이나 음악회의 내용보다 훨씬 더 중요한 것을 가르칠 기회를 잃게 된다.

우리 반이 1년 동안 셰익스피어 공연을 준비할 때는 매번 모든 아이가 연습에 참여한다. 사실 다른 아이들의 연습을 지켜보면서 한 시간 넘게 앉아만 있는 시간도 있다. 10명에서 20명만 참여하는 춤 연습이나 무대 연출이 이어지는 사이 나머지 40명은 그저 지켜보기만 하기도 한다. 그런데도 아이들을 모두 참석시키는 것은 이기적인 본성을 극복하도록 돕기 위해서다. 핵심은 우리가 앞서 논의했던 것, 바로 집중이다. 당장 연습에 참여할 필요가 없는 아이들도 돌아다니거나 빈둥거리지 못하게 해야 한다. 참여하지 않는 아이들도 주의를 기울일 필요가 있다. 다른 아이들이 더 완벽한 공연을 위해 일하고 실패하며 땀 흘리는 것도 함께 지켜봐야 한다. 그렇게 시간이 흐르면 굉장한 일이 벌어진다. 다른 학생들의 성취에 미소를 짓고 기쁨을 느끼기 시작하는 것이다. 필요한 아이들만 데리고 연습하는 것이 효율적이라는 것은 공연 자체가 가장 중요하다는 가정에서 나온 생각이다. 그러나 사실은 그렇지 않다. 가장 중요한 것은 아이들이다. 아이들이 자신의 친구들을 응원하고 타인의 발전을 포용하도록 가르치는 것은 몇 분간 기립 박수를 받는 것보다 훨씬 더 중요한 목표다. 자기 자신을 넘어서는 것은 평생토록 지속되기 때문이다.

내가 이 중요한 사실을 깨달은 것은 1987년 이안 맥켈런 경이 우리 학생들을 샌디에이고로 데려가 직접 출연한 멋진 1인극 〈셰익스피어 되기〉를 보여주었을 때였다. 공연이 끝난 뒤에 이안 경은 아이들을 분장실 뒤로 데려가 자신의 연극에 얼마나 많은 사람이 참여했는지 물었다. "한 명"이라는 대답이 뻔한 질문에 아이들은 어리둥절해 했다.

"그렇지 않단다."

이안 경은 나지막이 말했다. 그러더니 무대 뒤에서 일하는 스무 명이 넘는 사람들을 소개했다.

"이 사람은 로버트야. 오늘 연극표를 판매했지. 이 사람은 웬디. 내가 마실 수 있게 차를 준비해 주지. 그리고 여기는 수잔. 조명을 맡고 있어."

이안 경은 그렇게 몇 사람을 더 소개했고, 아이들은 그가 하는 말을 들으면서 알겠다는 듯 고개를 끄덕였다. 그가 오늘의 교훈을 한마디로 요약해서 말하자, 모든 시선은 그 위대한 배우에게 고정되었다. 분장실은 조용해졌다.

"1인극이란 없단다."

아이의 좁은 시야를 열어줘라

이기심은 다양한 모습으로 나타난다. 가장 일반적인 이기심은 자신이 받아야 할 몫보다 더 많은 것을 원하는 사람에게 나타난다. 자신에게 더 많은 시간을 쏟고 더 많은 관심을 기울여주길 바라는 아이나, 다른 아이는 피자를 한 조각도 받지 못했는데 한 조각을 더 달라고 하는 아이가 그렇다. 이런 문제는 좁은 시야와 관련된 경우가 많다. 이기적인 아이는 그저 주위에 다른 사람도 있다는 것을 알지 못할 뿐이다.

조지프는 똑똑하고 의욕도 강했다. 분명 앞으로 굉장한 일을 해낼 녀석이었다. 잘생기고 친화력이 좋은 데다 재미있기까지 했다. 하지만 이런 장점에도 불구하고 조지프는 평범했다. 이기심이 사람을 그렇게 만드는 것이다.

이기적이라고 해서 나쁜 아이라고 말할 순 없지만 조지프는 자기중심적인 행동 때문에 최고가 되지 못하는 일이 많았다. 삶에서 성공하기 위해서는 높은 시험 점수와 성적보다 훨씬 더 많은 것이 필요하다. 조지프는 위대한 사람이 될 수 있는 가능성을 지녔지만, 아무리 뛰어난 학생도 배울 점은 있는 법이다.

조지프가 장학금을 받고 기숙학교를 다니던 시절, 어느 날 밤 몇몇 학생이 교칙을 위반하는 나쁜 행동을 저질렀다. 많은 10대가 그렇듯 그 아이들도 자신이 저지른 행동이 어떤 결과를 가져올지를 생각하지 못했다. 교칙 위반 사실이 발각되자 학부모가 학교에 불려왔고, 학교는 명성에 치명적인 타격을 입었다. 조지프도 그 학생들 중 하나였다. 부모는 아들이 또다시 교칙을 어기면 퇴학당할 수도 있다는 말을 듣고 충격을 받았다. 문제를 일으키긴 했지만 조지프의 성적은 여전히 뛰어났다. 조지프는 근본적으로 굉장히 훌륭한 아이였지만, 말도 안 되는 멍청한 짓을 저지르고 말았다.

때로는 진지한 교훈이 쉽게 받아들여지지 않기도 한다. 조지프는 그 사건에 대해 진심으로 잘못했다고 생각하면서도 '나 먼저'라는 철학을 바꾸지는 않았다. 1년이 더 지나 학생 20명을 데리고 대학 탐방에 나섰는데, 그중에는 조지프도 끼어 있었다. 나는 펜실베이니아 대학에서 아이들에게 기념품을 사는 게 어떻겠냐고 제안했다. 금전 등록기 옆에 서 있던 나는 곧 다양한 티셔츠, 페넌트, 모자로 장식된 크리스마스트리 꼴이 되었다. 조지프는 유독 비싼 스웨터를 골랐는데, 다른 학생이 고른 어떤 기념품보다 세 배나 비싼 것이었다. 그리고 이미 포화 상태에 이른 힘겨운 내 팔에 스웨터를 올려놓고는 하나 더 골라도 되는지 물었다. 내 표정이 이미 답을 말해주었다.

조지프는 명석한 두뇌와 뛰어난 성적에도 불구하고 배워야 할 것이 많았다. 세상을 자기 발밑에 두고 있는 아이가 세상에 대해 생각하게 만드는 것은 쉽지 않은 일이지만, 아이의 특별한 가능성을 활짝 펼쳐주려면 이 과정이 반드시 필요하다. 당시에는 조지프가 이기심을 버리는 것에 대해 조금도 배우지 못한 것 같아 실망했다. 하지만 훗날 내 생각이 완전히 틀렸다는 걸 알게 되었다.

나를 둘러싼 세상을 생각하게 하라

아이들의 이기심은 좁은 시야 때문인 경우가 많다. 이기적인 아이들은 그저 주위에 다른 사람들도 있다는 것을 알지 못할 뿐이다. 세상을 자기 발밑에 두고 있는 아이가 세상에 대해 '생각하게' 만드는 것은 쉽지 않은 일이지만, 아이의 특별한 가능성을 활짝 펼쳐주려면 이 과정이 반드시 필요하다.

경기장 카메라는 이제 관중석을 향하고 있었다. 사람들은 대형 스크린에 5초간 얼굴이 비칠 기회를 얻을지도 모른다는 얄팍한 희망을 가지고 열심히 춤을 추고 있었다. 우리 쪽에 있다가 스크린에 얼굴이 비친 한 여자는 아는 사람들에게 일일이 전화를 걸어 영광스러운 순간에 대해 15분이나 수다를 떨었다.

그때 카메라맨 한 사람이 우리가 앉아 있는 쪽으로 다가왔다. 제시카가 상당히 뛰어난 춤꾼이라는 걸 알았을 리 없는데도 말이다. 우리 반은 세라 세거라는 유명한 안무가와 함께 작업을 하는데, 그녀는 힘든 작업에 엄청난 재미를 가미하는 뛰어난 능력을 갖고 있다. 나는 제시카에게 원한다면 카메라 앞에서 춤을 춰도 된다고 말했지만, 제시카는 조용히 거절했다.

"세라 선생님이 뽐내지 말라고 가르치셨어요."

제시카는 차분히 설명했다.

"그리고 우린 여기에 공연하러 온 게 아니에요. 다저스를 응원하러 온 거죠."

제시카는 그저 애일 뿐이다. 다저스가 패배할지 모르지만, 내 생각에 그날 저녁은 아주 잘 흘러가고 있었다.

다저스는 여전히 3점을 뒤져 있었다. 양 팀의 선발투수는 이제 마운드에서 물러났고, 아이들은 다음 회를 기대했다. 약한 타자들이 타석에 오를 예정이었지만 아이들은 희망을 잃지 않았다.

15분 동안이나 통화했던 그 여자가 여전히 내 머릿속에서 춤추고 있었다. 아이에게 관대한 태도를 갖도록 하는 것은 확실히 어려운 일이다. 우리 사회의 문화는 자기중심적인 행동을 조장한다. 이 세계의 심각한

문제들은 곧잘 무시되지만, 운동선수와 연예인의 황당한 행동은 심심
찮게 헤드라인을 장식한다. 의미 있는 것을 성취해서 유명해지는 게 아
니라 인기인이 돼서 유명해지는 게 우리가 살고 있는 사회다.

이기주의에는 아이가 이해하고 피해야 할 사악한 측면이 매우 많다.
기본적인 탐욕이 좋은 것이 아니라는 가르침은 비교적 쉽게 전할 수 있
다. 하지만 다른 형태의 이기주의에 대해서도 짚고 넘어갈 필요가 있다.
예를 들어 인색함으로 귀결되는 자기중심적인 행동이 있고, 다른 사람
을 속이는 더 위험한 자기중심주의가 있다. 이 모든 형태를 잘 분류해
아이의 가방에 담아주어야 한다. 아이들은 적을 알아야 한다. 그리고 대
부분 그 적은 우리 안에 있다.

스파이더맨에게 배우는 권력의 위험성

킹크스The Kinks(1960년대에 활동한 영국 록 그룹_옮긴이)의 뛰어난 작곡가
레이 데이비스Ray Davies는 다음과 같은 곡을 쓴 적이 있다.

나는 복지국가에서 태어났다네.
관료정치에 지배되고
공무원에 통제되고
사람들은 회색 옷을 입는

이기심은 어디에나 있다. 그중에서도 가장 악질적인 형태는 비열한
권위다. 어른은 물론이고 아이들도 힘으로 상식을 파괴하고 더럽히는

사람과 자주 부딪힌다. 3학년 아이들이 건물 출입증을 가지고 있지 않다는 이유로 화장실에 가지 못해 바지를 적시는 광경을 본 적이 있다. 건물 출입 통제라는 임무를 진지한 자세로 수행하는 데는 잘못이 없지만, 아무리 나이가 어린 아이라도 권력은 자비로운 동시에 이기적일 수 있다는 점을 배워야 한다.

모든 아이가 언젠가는 책임이 따르는 일을 하게 될 것이다. 이 책임에 어떻게 접근하는가에 따라 의미 있는 결과를 낳을 수 있다. 책임을 맡는다는 것은 크든 작든 어떤 권력을 갖게 된다는 뜻이며, 아이들은 이 힘을 어떻게 적용할지를 깊이 생각해 바른 결정을 내리는 법을 배워야 한다. 우월감을 느끼고 싶은 이기적인 마음에서 힘을 다른 사람에 대한 무기로 사용할 것인가, 아니면 스파이더맨처럼 "큰 힘에는 큰 책임이 따른다"는 것을 깨달을 것인가? 모든 규칙이 엄격하고 딱딱한 것만은 아니고 올바른 판단이 부재한 권위란 존중받지 못한다는 사실을 아이들이 알도록 도와야 한다. 다른 사람의 행복이나 성공을 위태롭게 만들면서까지 자기만을 생각하는 것은 일종의 이기주의이며, 이런 이기주의는 반드시 피해야 한다고 가르쳐야 한다.

최근에 오스틴은 좋아하는 선생님 한 분을 잃게 되었다는 이야기를 들려주었다. 그 교사는 당국이 규정한 교과 과정을 정확하게 따르지 않았다는 이유로 그릇된 생각을 지닌 감독관과 계속 마찰을 빚다가 가르치는 일을 그만두었다. 교실에서 얼마나 멋진 일이 일어나는지는 이런 감독관에게 아무 의미가 없다. 교사의 알차고 보람된 수업을 어떻게 하면 더 많은 학생에게 들려줄 수 있을지를 고민하는 데 관심이 없다. 오로지 자신의 권위를 이기적으로 휘두르는 데만 관심이 있는 것이다. 이들은 볼 수는 있어도 알 수는 없다. 무엇보다 경계해야 할 점은 바른 가르침을 받지 못한 아이는 어른에게서 본 이기적인 행동을 그대로 모방하면서 자란다는 것이다. 하지만 이런 이기심이 얼마나 가슴 아픈 결과를 가져올 수 있는지 알도록 도와준다면 언젠가 이 아이들이 감독관과 같은 사람이 되었을 때 지금보다 훨씬 더 잘할 수 있을 것이다.

사랑하는 선생님이 학교를 떠난 일은 오스틴이 이기심의 부정적인 결과를 이해하게 된 여러 가지 사건 중 하나일 뿐이다. 이런 일을 겪고 교훈을 얻었기 때문에 6회가 시작되었을 무렵 꼬마에게 자신의 야구공을 주기로 결정할 수 있었던 것이다. 이기심이 가할 수 있는 2차적인 타격의 피해자인 오스틴은 그 병폐를 깨닫고 치료제를 제공했다.

이기적인 봉사는 봉사가 아니다

매년 크리스마스이브가 되면 호바트 초등학교 아이들은 교회에 나가 노숙자들에게 캐럴을 들려주고 공연을 하며 옷가지와 음식을 나누어 주는 일을 돕는다. 아이들은 그런 행사에 참여하는 자원봉사자 중에도 퉁명스럽고 무심한 사람이 있다는 걸 알아차렸다. 바로 이것이 문제다. 즉, 봉사 활동에 참여하는 사람들조차 언제나 올바른 이유로 거기 있는 것은 아니라는 점이다.

몇 년 동안 우리 아이들은 이타적인 행동이 가장 중요한 장소에서 이기적인 행동이 너무도 서슴없이 벌어지는 광경을 수차례 목격했다. 실제로 몇몇 어른이 아이들이 나르던 음식 접시를 빼앗아 배고픈 사람들에게 음식을 주는 것을 방해했던 것이다. 이상한 소리 같겠지만, 아이들이 자신들보다 빠르고 효율적으로 노숙자에게 음식을 날라다주는 게 못마땅했던 모양이다. 이런 자기중심적인 사람들은 도움이 필요한 불쌍한 사람보다 자기 자신을 먼저 생각한다. 행사 준비가 끝날 때쯤 느지

아이가 가장 피해야 할 이기심

모든 아이가 언젠가는 책임이 따르는 일을 하게 될 것이다. 책임을 맡는다는 것은 크든 작든 어떤 권력이 주어진다는 뜻이다. 아이들은 이 힘을 어떻게 적용할지를 깊이 생각해 바른 결정을 내리는 법을 배워야 한다. 권력은 자비로운 동시에 이기적일 수 있다는 점, 올바른 판단이 부재한 권위란 존중받지 못한다는 점도 알아야 한다.

막이 도착해서 가장 힘든 정리 작업이 시작되기 전에 자리를 뜨는 사람이 너무 많다. 이런 모습을 보면서 아이들은 이 봉사자들이 단지 '봉사했다'는 것을 다른 사람들에게 과시하고 싶어 찾아온다는 결론을 내린다. 이들에게 타인을 돕는다는 건 가장 나중 일인 듯싶다.

너무 가혹한 비평인지 모르지만 이런 위선적인 어른이 아이의 교육에 오히려 타산지석이 된다. 그나마 다행이라면 노숙자 쉼터에서 일을 돕는 사람들은 대부분 감동적일 만큼 넓은 마음을 지니고 있다는 것이다. 아이들은 대부분의 사람들이 보여주는 진정한 이타주의와 몇몇 사람들의 표면적 관대함 아래 감춰진 이기심 사이에 얼마나 큰 차이가 있는지를 관찰할 수 있다. 그리고 이것은 올바른 이유로 올바른 일을 하는 데 좋은 자극이 된다.

이기적인 성공은 성공이 아니다

1950년 오스카 최고 영화상을 받은 〈이브의 모든 것All About Eve〉에서 앤 백스터Anne Baxter는 음모에 가득 찬 젊은 여인 이브를 연기했다. 이브는 나이 든 여배우 마고(베티 데이비스 분)를 흠모하는 것 같지만 실은 모두 연기였다. 이브는 마고를 방해하기 위해 주변 인물과 상황을 조작해 결국 마고의 삶을 빼앗아버린다. 불행하게도 이는 할리우드 영화에서만 일어나는 일이 아니다.

몇 년 전의 일이다. 몇몇 학생이 뛰어난 음악적 재능을 지닌 수잔과 친구가 되었다. 토요일 아침 대학 입시 준비반에 참여하고 있던 우리 아이들은 수잔의 쾌활한 성격과 상냥함을 입이 닳도록 칭찬했다. 토요일 오전 수업은 대부분 이전부터 참여했던 학생들로 구성되기 때문에 새로운 학생을 받는 일은 극히 드물었다. 하지만 수잔은 예외였다. 언제나 유쾌하고 토요일 수업에 참여할 기회를 준 데 늘 감사하는 태도는 우리를 완전히 사로잡았다. 수잔과 우리는 3개월 정도를 함께 공부했고, 이듬해 여름에 열리는 오리건 셰익스피어 축제에도 함께 가기로 했다.

하지만 나중에 알고 보니 수잔은 축제에 갈 계획이 전혀 없었다. 56호 교실 아이들이 유명세를 타고부터 생긴 안 좋은 점이 하나 있다. 바로 어떤 사람들이 거기에 편승하려고 한다는 것이다. 어떤 면에서는 아이들의 성공에 따라붙는 세금 같은 것으로 생각할 수도 있지만, 힘들게 노력한 결과가 다른 사람에게 이용당한다면 너무도 안타까운 일이다. 수잔은 엘리트 음악 학교에 오디션을 보기 위해 우리 교실과의 관계를 이용했고, 곧 사라져버렸다. 나의 실망감도 이루 말할 수 없었지만 수잔과 친구가 된 학생들이 느낀 분노와 상처에 비할 바가 아니었다. 수잔은 그 학교에서 장학금까지 받아가며 잘 커가고 있다.

부모가 직면한 가장 어려운 과제도 바로 이것이다. 슬픈 사실은 이기적으로 행동해서 원하는 바를 이루기도 한다는 것이다. 이렇게 받아들이기 힘든 현실이 우리가 동화를 사랑하는 이유를 설명해 줄지도 모르겠다. 동화 속에서는 언제나 착한 사람이 이기고 나쁜 사람이 벌을 받으니 말이다.

그러나 인생은 동화가 아니다. 이브와 수잔 같은 사람들이 원하는 것을 얻는 이런 세상에서 자기를 버리고 다른 사람을 생각하라고 가르치는 것은 쉽지 않다. 그렇기 때문에 이브와 수잔이 원하는 것을 얻은 뒤 무엇을 잃었는지를 아이들에게 이해시킬 필요가 있다. 그들은 친구들의 신뢰를 잃었으며, 타인의 삶에 진정한 변화를 일으킬 수 있는 기회도 잃었다. 이기적인 삶은 편협한 시각을 형성해 세상이 우리에게 주는 것을 바로 보지 못하게 만들고, 결국은 삶을 흥미롭게 만드는 수많은 것의

5교시 우주의 중심은 네가 아니야! | 이타심 169

숨겨진 이기심을 발견하게 하라

이타적인 행동이 가장 중요한 봉사 현장에서 너무 퉁명스럽고 무심한 사람들, 이기적으로 다른 사람을 짓밟고 자신의 성공을 이룬 사람들의 모습은 아이들에게 혼란을 준다. 그들이 결국 인생에서 무엇을 잃게 될지 잘 설명해 주자.

이면에 숨어 있는 진정한 가치를 보지 못하게 된다는 걸 아이들은 알아야 한다. 현명한 아이들은 원하는 걸 얻는 것만 중요한 문제가 아니라는 점을 잘 알기 때문에 다른 사람을 생각할 줄 안다. 부모의 도움이 있다면 자녀는 더 큰 그림을 볼 수 있다.

자선을 삶의 방식으로 만들어라

교회에서 모금함에 돈을 넣는 행동이나 추수감사절에 노숙자에게 음식을 대접하는 행동은 모두 칭찬할 만한 일이다. 그러나 자선은 가정에서 먼저 시작되어야 한다. 가정에서부터 이기심을 버리는 생활을 할 때 친절과 관용이 특별한 경우를 위해 따로 마련된 것이 아니라는 걸 이해할 수 있다. 풍자시 작가이자 작곡가인 톰 레러Tom Lehrer가 '내셔널 브라더후드 위크National Brotherhood Week'라는 재치 넘치는 노래를 통해 "1년 중 일주일뿐이니 감사하라"고 했을 때도 바로 이런 정서를 꼬집은 것이다. 관용의 태도는 어느 순간 나타났다가 사라지는 것이 아니다. 그것은 삶의 방식이어야 한다.

칭찬이 가득한 저녁 식탁

저녁 식사를 준비할 때는 아이도 거들게 해야 한다. 요즘 아이들은 (보통은 텔레비전 앞에 앉아 있다가) 식사가 다 차려지고 나서야 식탁으로 불러오는 경우가 지나치게 많다. 그리고 앞에 차려진 음식을 씹는 둥 마는 둥 급히 집어 삼키고는 그날 프로그램을 놓칠 새라 부리나케 텔레비전 앞으로 달아난다. 매일 가족과 함께 식사를 준비하고 식탁을 차리는 일을 도우면서 주말만이 아닌 평일에도 함께 도움을 주고받으면, 이기적이지 않게 행동하는 법을 자연스럽게 익히게 된다.

우리 반은 매일 하루 일과가 끝나면 간단한 게임을 하는데, 우리 교실을 참관하러 온 사람들은 이 게임을 참 좋아한다. 누구나 저녁 식사 자리에서 아이들과 할 수 있는 쉬운 게임이다. 준비물은 아무것도 필요 없다. 이기적이지 않은 학생으로 키우고 싶다면 수업 계획에 이 게임을 포함시키는 것도 가치 있는 일이 될 것이다. 우리 반에서는 이것을 '칭찬 게임'이라고 부른다.

조지 해리슨이 "자신을 넘어 다른 사람을 볼 수 있다면 바로 그때 마음의 평화가 찾아올 것이다"라고 썼을 때 수많은 사람들이 깊은 감동을 받았다. 나도 그중 한 사람이었다. 수년 동안 나는 어떻게 하면 아이들이 자신을 넘어 다른 사람을 볼 수 있게 만들지 고민해 왔다.

대부분의 학급에서 하루 일과는 교실을 청소하고 숙제를 검토하는 것으로 마무리된다. 물론 이것도 중요한 활동이지만, 나는 5분 일찍 일과를 마무리한다. 그런 다음 게임을 시작한다. 아이들은 자발적으로 손을 들어 학급 친구나 생활 속 누군가를 칭찬한다. 보통은 이런 이야기가 나온다.

데니스: 저는 마이크에게 감사하고 싶어요. 오늘 공예미술 시간에 마이크가 자기 일을 멈추고 못질로 힘들어하는 절 도와줬어요.

엘 사: 저는 바스케스 선생님을 칭찬하고 싶어요. 오늘 도서관에서 필요한 책을 찾는 걸 도와주셨거든요. 그분은 정말 좋은 사서예요.

리 아: 저는 케빈을 칭찬하고 싶어요. 예전보다 모범적인 학생이 됐거든요. 4학년 때는 숙제를 안 해 오기도 했는데 지금은 언제나 숙제를 다 해요. 훨씬 좋은 학생이 되었어요.

(나머지 아이들은 박수를 친다.)

하루를 마감하는 아주 좋은 방법이다. 자녀의 생활에 관심이 많은 부모라면 저녁 식사 자리에서 그날 있었던 일을 물어본다. 이런 방법도 훌륭하지만 여기에 칭찬하는 시간을 추가하면 더 가치 있는 시간을 보낼 수 있다. 매일 밤 조금씩 짬을 내 학교 친구에서 가족, 선생님, 난생처음 본 사람에 이르기까지 그날 하루를 좀 더 나은 하루로 만들어준 이 세상의 모든 좋은 사람들에 대해 생각하는 시간을 가질 필요가 있다. 매일 밤 5분의 시간이 평생 타인을 생각할 줄 아는 아이를 만들 수 있다. 칭찬 게임을 하면서 아이는 내일, 모레, 글피 계속해서 자신을 넘어 다른 사람을 볼 수 있을 것이다.

감사 카드 쓰기

아이가 연필을 쥘 수 있게 되는 순간부터 반드시 감사 카드를 쓰게 하자. 이메일과 문자 메시지가 활성화되면서 마음에서 우러나오는 감사의 표현을 직접 손으로 쓰는 일은 과거의 유산이 되고 있다. 고맙다는 편지를 직접 써서 보낼 줄 아는 아이는 누군가가 생일 선물에 들인 시간과 노력을 생각하게 된다. 이기적인 아이는 선물 너머의 것을 생각하지 않는다. 자기 앞에 놓인 잘 포장된 선물이 다른 누군가가 미리 계획하고 시간을 들이고 돈을 쓴 결과라는 사실을 모르기 때문이다. 이런 수고에 대한 감사의 마음을 적는 것은 아이와 선물을 준 사람 모두에게 오래도록 남는다.

감사 카드를 가게에서 살 필요는 없지만 깔끔하게 써서 보내는 것이 좋다. 그 같은 배려는 선물을 받은 사람이 진심으로 감사하고 있음을 말해준다. 선물을 받은 학생 또는 자녀에게 시간을 내 친절함에 감사하는 편지를 쓰게 할 때 더욱더 다른 사람을 생각하는 사려 깊은 어른으로 자랄 수 있다.

지역 봉사 활동

좋은 학교는 지역 봉사 활동을 반드시 과제로 제시한다. 이를 위해 아이들은 양로원이나 보육 시설에서 봉사 활동을 해야 하고, 봉사 활동 시간을 기록한 확인증을 받아야 한다. 물론 가치 있는 활동이지만 학생이 봉사의 중요성을 제대로 이해하지 못한다면 이 세상을 더 나은 곳으로 만들기 위해서가 아니라 단지 보고서를 만들려는 생각에서만 봉사 활동을 하게 될 것이다.

자녀가 케네디 대통령과 같은 도전을 하길 원한다면 부모가 본보기를 보여야 한다. 지역 봉사 활동을 가족이 함께하는 것도 훌륭한 생각이다. 지역사회를 발전시킬 수 있는 활동을 선택하자. 일주일에 하룻밤 노숙자 쉼터에서 일하거나 낙서를 지우는 일에 자원하는 것도 그중 하나가 될 수 있다. 시간이 허락한다면 1년에 한두 주 정도를 '사랑의 집 짓기 운동Habitat for Humanity'에 쓰는 것도 좋은 선택이 될 것이다. 어떤 봉사 활동이든 가족이 함께 참여한다면 아이도 자연스럽게 다른 사람을 돕는 일을 생활의 일부로 받아들일 것이다. 그렇게 봉사 활동은 더 이상 과제가 아니라 먹는 것이나 숨 쉬는 것처럼 삶의 필수 불가결한 부분으로 인식될 것이다.

영화 속 이타주의

시드니 포이티어Sidney Poitier 주연의 1963년 작 〈들백합Lilies of the Field〉은 가족과 함께 즐기기에 안성맞춤인 영화다. 포이티어가 연기한 호머 스미스는 손재주가 좋은 사람으로, 〈사운드 오브 뮤직The Sound of Music〉의 수녀들만큼은 아니지만 그래도 꽤나 엄격한 수녀들에게 설득되어 예배당을 짓는 일에 참여하게 된다. 공사를 시작한 호머는 지역사회의 도움을 거부한다. 자기 혼자만의 작업이어야 한다고 생각한 것이다. 영화가 진행되면서 호머는 자신이 다른 이들을 돕고 있을지는 몰라도 이기심과 자만심 때문에 더 큰 그림을 보지 못하고 있다는 걸 깨닫는다. 호머는 타인의 친절을 받아들이는 법을 배우고, 그의 개인적 성장은 지역사회의 관용과 어우러져 혼자만의 성취보다 훨씬 위대한 보상을 가져온다.

자녀가 다른 아이들보다 앞서 나갈 준비가 되었다면 〈카사블랑카〉야말로 이기심에 대해 경고할 수 있는 마지막 시험임을 잊지 말자. 제2차 세계대전을 배경으로 한 이 걸작은 우리 교실에서는 밸런타인데이면 꼭 보는 영화지만, 그 교훈은 매번 신선하다. 모든 연령대의 아이들이 나이트클럽을 운영하는 거친 사나이 릭 블레인(험프리 보가트 분)과 사랑에 빠진다. 그는 자신에 대해 이렇게 말한다.

"다른 사람을 위해 내 목을 내놓을 순 없어."

《헨리 4세Henry Ⅳ》에 등장하는 할 왕자처럼 내면의 품위와 명예를 겉으로 드러나는 천박함으로 감추고 있는 것이다.

아직까지 이 고전을 감상하는 기쁨을 누리지 못한 지구상의 몇 안 되는 사람 중 하나라면 간단하게 내용을 알려주겠다. 이 영화는 1940년대 나치가 침략을 준비하던 모로코 카사블랑카의 세 인물의 이야기다. 클로드 레인스Claude Rains, 피터 로어Peter Lorre 같은 위대한 성격파 배우들 덕분에 장면 하나하나가 명장면이 되었다. 줄거리도 환상적이다. 특히 대사 한 줄 한 줄이 수백만의 열렬한 추종자에게 기억되고 있다.

릭에게는 두 통의 운송 허가증이 있는데, 이 허가증을 가진 사람은 카사블랑카를 떠나 미국으로 갈 수 있다. 폴 헨레이드Paul Henreid가 연기한 영웅적인 반역자 빅터 라즐로와 릭 블레인은 둘 다 잉그리드 버그먼Ingrid Bergman의 연기로 더욱 아름다운 여인이 된 일사를 사랑한다. 릭은 빅터를 나치에 넘기고 그 허가증을 이용해 사랑하는 여인과 도망치려는 듯 보인다. 하지만 마지막 장면에서 릭은 카사블랑카에 남고 일사를 빅터와 함께 떠나보낸다. 떠나는 일사에게 릭은 이렇게 말한다.

"일사, 난 그리 똑똑하진 못하오. 하지만 이 미친 세상에서 우리 세 사람의 고뇌는 하찮다는 것쯤은 알 수 있지. 언젠가 당신도 이해하게 될 거야."

60년이 넘도록 많은 사람에게 눈물과 감동을 준 대단한 희생이다. 더 큰 선을 위해 자신을 포기한다는 〈카사블랑카〉의 교훈을 잊기란 불가능하다.

책 속에 담긴 나눔의 이야기

셀 실버스타인Shel Silverstein의 《아낌없이 주는 나무The Giving Tree》는 어린 학생들이 꼭 읽어야 할 책이다. 한 그루의 나무와 친구가 된 어린 소년은 점점 자라면서 나무 그늘에서 쉬기도 하고 나무로 집을 짓기도 하는 등 다양한 요구를 충족시키는 데 나무를 이용한다. 생각이 깊은 아이들은 소년에게 모든 것을 다 내어주는 나무를 보면서 슬퍼하기도 한다. 주는 것과 받는 것은 균형을 이루어야 한다는 생각을 심어주기에 더할 나위 없이 훌륭한 이야기다.

《햄릿》에 버금가는 놀라운 문구로 가득 차 있는 하퍼 리의 《앵무새 죽이기》도 기억에 남는 작품으로 꼽힌다. 이기심보다는 관용을 선택하도록 가르치려는 목적에서 본다면 스카웃이 시련을 겪은 후 부 래들리에 대해 회상하는 장면을 아이들과 얘기해 보는 것도 좋다.

> 이웃은 누가 죽으면 음식을 가져오고, 아프면 꽃을 가져오며, 그사이에 는 여러 다른 것들을 가져온다. 부는 우리 이웃이었다. 그는 우리에게 비누 인형 두 개, 고장 난 시계와 체인, 행운의 동전, 그리고 생명을 주었다. 이웃이라면 답례를 한다. 우리는 나무에서 가져간 것을 결코 되돌려 놓지 못했다. 그에게 아무것도 주지 못했고, 그것이 나를 슬프게 한다.

시간을 두고 이 말을 되새기는 사람이라면 나무에게서 받은 것을 잊

아이의 이타적인 삶을 위한 습관

- 저녁 식사를 준비할 때 거들게 하라.

- 매일 밤 5분간 그날 만난 사람 칭찬하기 게임을 하라.

- 선물을 받으면 감사 카드나 편지를 쓰게 하라.

- 봉사 활동은 가족이 함께해야 교육의 효과가 있다.

- 더 큰 선을 위해 자기를 희생한 주인공이 나오는 영화와 책을 보게 하라.

지 않고 되돌려 줄 것이다. 자녀를 그렇게 키워냈다면 아주 어려운 과제를 완수한 것이다. 우리 인간이 지닌 "본성의 선한 천사들"을 찾아야 한다는 링컨의 말을 가르친 것이다. 세상은 더 나아질 것이고, 우리 아이들은 더 행복해질 것이다. 그곳에 도달하기 위한 모든 대화와 투쟁은 가치 있는 것이다.

은연중에 갊는 아이들

놀라운 일이 벌어졌다. 다저스가 안타를 두어 개 날렸고, 이어서 타력이 좋지 않다던 선수가 홈런을 쳤다. 트웨인의 말대로 마른하늘에 날벼락이었다. 3회가 남은 시점에서 경기는 5 대 5 동점이 됐다. 아이들은 흥분했다. 식욕이 왕성한 세자르는 가판대에서 파는 과일 샐러드를 사줄 수 있는지 물었다.

과거에는 아이들에게 가벼운 군것질거리도 사주지 못했던 적이 많았다. 교사 월급은 뻔하고 야구장에서 파는 음식은 너무 비쌌다. 하지만 오늘 밤은 아이들에게 쓸 돈이 충분했다. 지난 봄방학 때 조지프가 찾아왔기 때문이다. 오랫동안 그저 자기만을 생각하고 살았던 아이다. 조지프는 앞서 소개한 책을 읽고 영화를 보면서 어린 시절을 보냈으며, 자신이 기억하는 것보다 훨씬 많은 시간을 다른 사람을 생각하라는 나의 잔소리를 들으면서 지냈다. 펜실베이니아 대학을 탐방했던 그날, 즉 스무 개의 셔츠와 페넌트 더미에 묻혀 있던 내게 다른 기념품을 더 얹어도 되느냐고 물었던 그날 이후 나는 더 이상 잔소리를 하지 않기로 했다.

하지만 이런 노력이 언제 빛을 보게 될지는 누구도 모르는 일이다.

겨울방학과 봄방학 동안에 재능 많은 이 젊은이는 과학 연구소에서 인턴으로 일했는데, 거기서 뛰어난 활약을 보였다. 당초 급료를 지불할 계획이 없었던 연구소는 업무 능력에 깊은 인상을 받은 나머지 아무것도 기대하지 않았던 이 청년에게 1000달러라는 어마어마한 돈을 지급했다.

다음 날 조지프는 1000달러짜리 수표를 현금으로 바꾸어 버스를 타고 기숙사에서 150킬로미터나 떨어진 우리 교실로 왔다. 그리고 반 아이들을 위해 쓰라며 그 돈을 전부 주었다.

세자르는 과일 샐러드를 맛있게 먹었고, 조지프는 다저스 타자처럼 구장 밖으로 멋지게 홈런을 날렸다.

7회

우리는 최고가 아니다

〉 겸손 〈

대다수 사람에겐 남 앞에서 뽐내고 싶고 칭찬받고 싶은 욕구가 있다.
겸손한 사람은 약하고 모자란 사람으로 보는 경향도 강하다. 이런 환경에서
아이에게 필요한 덕목인 '겸손'을 가르치기란 자기를 버리라고 가르치는 것보다 더 어렵다.
그러나 남에게 인정받으려는 욕심을 손에서 놓아버려야 진짜 인정을 받을 수 있는 게
삶의 모순이자 진리다. 우리 아이들은 이 점을 꼭 깨달아야 한다.

관중이 점점 줄어들면서 관중석은 놀랄 만큼 잠잠했다. 다저스가 집중력을 잃지 않고 경기를 운영한 덕에 동점을 만들었지만, 수천 명의 팬들은 출구로 향하고 있었다.

다행히 어린 아들을 데리고 왔던 우리 앞쪽 남자들도 그 무리에 섞여 있었다. 아니나 다를까, 이 꼬마는 그대로 나가질 않고 들고 있던 깃발로 우리 학생 가운데 한 명을 찌르려고 안간힘을 썼다. 무례하게 굴던 사람들이 그림에서 빠져 눈앞의 시야가 트이자, 그날 밤이 재미있게 마무리되리란 예감이 들었다. 다저스는 또 다른 구원투수를 투입했고, 아이들은 점수표에 투수의 이름과 번호를 바삐 적어 나갔다.

경기장에 처음 온 아이들이었지만 너무나 잘해주고 있었다. 다저스를 응원했지만 카디널스에도 격려의 박수를 보냈다. 모두가 바르게 행동했고 앉은 자리를 깨끗하게 치웠다. 이 어린 학자들은 경기의 묘미를 배우면서도 서로를 잘 보살필 줄 알았다. 무엇보다 압권이었던 것은 경기장에 있던 사람들 중에서 우리 아이들에게 관심을 쏟는 사람이 거의 없었다는 것이다. 여기에 도달하기까지 아이들은 매우 중요한 성격적 특성을 보여주었다.

아이들은 겸손했다. 아이들에게 겸손을 가르치기란 자기를 버리라고 가르치는 것보다 더 어렵다. 이유는 두 가지다. 첫 번째로 사람은 누구나 이따금씩 자랑하고 싶어 하고 칭찬받는 일을 즐긴다. 내가 힘들여 이룬 결과를 남이 알아주길 원하는 것은 자연스러운 일이다. 겸손을 얻는 데 방해가 되는 두 번째 장애물은 우리 사회가 그것을 낮잡아 본다는 것이다. 우리 사회에서는 무례하고 공격적이며 비위에 거슬리는 행동을 하는 사람들이 명성을 얻곤 한다. 스포츠에서 연예계, 정치계에 이르기까지 우리는 자기가 한 일을 자랑스럽게 떠벌이는 사람들에 대한 쏟아지는 정보로 정신이 없을 정도다. 승자는 패자를 조롱한다. 이제 더 이상 어떤 일을 잘하는 것만으로는 충분하지 않다. 성공은 다른 이를 모욕하고 천대해야 완성되는 듯하다. 라디오 토크쇼, 인터넷, 그리고 수천 개의 텔레비전 방송국은 돈이나 명성, 그리고 보통은 이 두 가지를 다 얻기 위해 자신에게 관심을 기울이라고 소리치는 사람들로 가득하다.

그날 밤 경기에 늦게 도착한 한 무리의 젊은이들이 출구로 떠나는 사람들 사이에 끼어 있었는데, 계단 꼭대기에 다다르자 무리 중 앞서 가던 사람이 노래를 부르자며 분위기를 띄웠다.

우리는 최고다.
우리는 최고다.
그 누구보다 뛰어난 우리가 최고다.

이 노래를 열 번은 반복해 불렀다. 도대체 무슨 기준으로 그런 결론을 정당화하는지 알 길이 없었다. 흥미라곤 찾아볼 수 없는 그들의 표정을 보니 어느 팀이 경기를 하고 있고 득점 상황은 어떻게 되는지 알고나 있을지 의심스러웠다. 그들이 앉았던 자리는 온갖 음료수와 쓰레기로 넘쳤다.

이 사람들에게 나쁜 소리를 하려는 건 아니다. 비난하기란 쉽지만 아직 빛을 보지 못한 사람이 행동을 바꾸기란 참으로 어려운 법이다. 한때는 나 역시 어떻게 하면 인정을 받을까 고민하던 젊은 교사였기 때문에 관심에 대한 욕구를 극복할 필요성과 위험 신호에 대해 지나치리만큼 잘 인지하고 있다.

나이가 좀 있는 교사들은 젊은 열성 교사들이 밟고 있는 여정을 잘 알 것이다. 풋내기 교사들은 학생에게 중요한 교훈을 전달하는 훌륭한 학급의 지도자로 성장하는 데 많은 시간을 투자한다. 불화를 극복하고 의미 있는 것을 성취했을 때 이 세상이 그 성과를 보고 인정해 주길 바라는 것은 충분히 이해할 만한 일이다.

데이브 크럼바인은 내가 아는 가장 훌륭한 교사다. 텍사스 주 휴스턴에서 뛰어난 지도력으로 학급을 이끌고 있는 그는 어느 교사보다 열심히 일하고 많은 관심을 쏟으며, 무엇보다 가르치는 일에서는 누구도 따라올 수 없는 뛰어난 재능을 가지고 있다. 데이브가 보여주는 성실과 학생을 도우려는 진실한 마음 덕분에 학생들은 뛰어난 성과를 보이고 있다. 그의 교실을 방문한 사람은 누구나 다시 한 번 5학년으로 돌아가고 싶은 마음을 갖게 된다.

데이브는 역사를 가르치는 일을 사랑하는데, 실제로 1년에 두 번은 반 아이들을 데리고 워싱턴 D.C.를 찾는다. 그는 토머스 제퍼슨Thomas Jefferson에게 푹 빠져 있다. 1년에 한 번씩 몬티첼로로 떠나는 여행은 그해 최고의 행사다. 데이브의 끈질긴 노력에 힘입어 그가 가르치는 아이들은 미국 역사에 관한 한 웬만한 어른보다 많이 알고 있다. 데이브의 영리한 학생들과 함께할 수 있다는 건 정말 멋진 일이다.

하지만 아무리 뛰어난 교사라도 배울 점은 있는 법이다. 젊은 시절 데

이브는 자신을 따르는 많은 사람들과 친구들에게 몬티첼로와 같은 역사적 명소의 안내원들이 그들보다 훨씬 많은 역사적 지식을 자신의 학생들이 가지고 있는 걸 알아줬으면 한다고 말하곤 했다. 데이브의 무수한 희생과 노력을 고려하면 그런 식으로 느끼는 것도 이해하지 못할 일은 아니다. 학생들이 너무 자랑스러운 나머지 모든 이에게 보여주고 싶었던 것뿐이다.

하지만 한층 높은 곳이 기다리고 있었으니, 그것은 바로 자기 학생들이 대단하다는 것을 사람들이 알든 모르든 상관없다는 깨달음이었다. 아이들은 분명 대단하다. 그리고 그 자체가 보상이다. 얼마 지나지 않아 데이브는 중요한 교훈을 깨닫게 되었다. 다른 이에게 깊은 인상을 남기려는 바람에서가 아니라 지식에 대한 사랑 때문에 역사를 배워야 한다는 것을 알게 된 것이다. 그 후 데이브는 변했다. 데이브는 더 훌륭한 선생님이 되었고, 아이들도 더 좋은 학생이 되었다. 지금의 데이브와 그의 학생들은 과거 어느 때보다 더 빛을 발하지만 누구도 그것을 알지 못한다. 그들은 그렇게 한층 높은 곳에 다다른 것이다.

나도 한때는 깊은 골짜기에 빠진 시절이 있었다. 1980년대 처음 교사로 부임한 나는 셰익스피어 희곡을 활용해서 영어를 가르치는 프로젝트 제안서를 로스앤젤레스 통합 학군에 제출했다. 하지만 아무도 그 프로젝트를 믿지 않았다. 나는 정중한 거절과 함께 거들먹거리는 설교를 들었다. 나는 너무 젊었고, 아이들은 실력이 없었으며, 누구도 죽은 백인 남자 따위는 신경 쓰지 않았다. 그들은 아이들은 절대 셰익스피어를 좋아할 수 없다며 갖가지 핑계를 갖다 붙였다.

자신감과 포부로 가득 찬 젊은 청년이었던 나는 모두가 틀렸다는 것을 증명해야 했다. 그러는 과정에서 나는 셰익스피어 프로젝트에 대한 객관적인 시각을 잃었다. 아이들에게 영어를 가르치는 일에 집중하기보다는 내 말이 맞다는 걸 보여주려 했던 것이다. 그런 잘못된 생각에 빠졌다는 게 창피하긴 하지만 그것이 삶의 묘미이기도 하다. 우리는 실수하면서 배우기 때문이다.

아이들이 셰익스피어의 작품을 배우는 데 성공했다고 세상에 과시하고 싶었던 나의 고집은 샌디에이고 발보아 공원에 있는 올드글로브 극장에서 정점에 다다랐다. 극장은 아름다운 무대로 이루어져 있었다. 몇 년 동안 나는 아이들과 함께 이곳에 와서 셰익스피어 공연을 감상하며 근사한 여름밤을 보내곤 했다.

극장 한복판은 공연이 시작되기 전에 사람들이 휴식을 취하거나 소풍을 즐길 수 있는 잔디밭으로 되어 있었다. 샌디에이고 동물원에서 들려오는 갖가지 배경음으로 공연이 중단되긴 했지만 그래도 아주 근사한 공연장이었다. 아이들과 소풍을 끝낸 뒤 나는 바로 극장으로 들어가지 않고 풀밭에서 작은 공연을 펼쳐 보이게 했다. 우리 아이들이 특별하다는 걸 사람들에게 보여주고 싶어서였다.

아내 바버라는 당혹스러웠을 것이다. 아내는 잔디밭에서 이런 공연을 할 필요가 없다고 끊임없이 잔소리를 해댔다. 풀밭에 있는 사람들은 우리 아이들의 공연을 보러 공원을 찾은 게 아니라 각자 나름의 계획을 가지고 왔으며, 사람들이 아이들의 공연을 좋아하든 말든 상관없다는 것이었다. 그렇게 칭찬을 듣는다고 아이들이 영어를 더 많이 배운다거나, 더 성숙해진다거나, 더 나은 삶을 사는 건 아니라고 했다. 물론 아내가 옳았다.

바버라의 충고를 받아들이기 시작하면서 셰익스피어 작품에 대한 아이들의 지식은 전해에 가르쳤던 아이들보다 훨씬 나아졌다. 다른 사람들이 우리 학생들을 어떻게 생각할지보다 학생들 자체에 에너지를 쏟아부었다. 나의 뛰어남을 남에게 보여주려고 애쓰는 게 시간 낭비라는 걸 깨닫자 아이들은 몰라보게 성장했다.

지금은 세계 곳곳에서 셰익스피어 연극을 공연해 달라는 요청을 받는

데, 아이들은 거기에 행복을 느낀다. 로열 셰익스피어 극단의 말을 빌리자면, "호바트 셰익스피어 연극반은 왜, 그리고 어째서 셰익스피어를 공연해야 하는지 보여주는 궁극적인 사례. 무엇보다 너무 재미있다".

다른 사람에게 자랑하려고 애쓰는 것이 쓸데없는 짓이라는 걸 깨달은 후에 오히려 더 많은 관심을 받게 되었다는 것은 참 아이러니하다. 이것이 바로 겸손을 가르치고 몸소 실천하는 묘미다. 여기서는 모두가 승자다. 겸손의 중요성을 진정으로 이해한 나는 학생들에게 더 나은 역할 모델이 되었다. 아이를 가르치고 양육하는 데 가장 우선하는 규칙은 우리 스스로가 아이에게 바라는 그런 사람이 되어야 한다는 것이다. 최근에 오리건 셰익스피어 축제에서 우리 아이들의 공연을 본 한 교사가 공연을 보고 느낀 소감을 이렇게 적어 보냈다.

저는 어려서 바이올린을 배울 때 '스즈키'라는 방법으로 훈련을 받았습니다. 듣기와 모방하기만을 집중적으로 훈련시키는 이 방법은 연주 기법을 순식간에 배워 그 즉시 곡을 연주할 수 있다는 생각에서 나온 것입니다. 귀로 듣고 연주하는 데 상당히 소질이 있었던지 저는 훈련을 금방 마치고 어린 나이에 어려운 곡도 연주하게 되었습니다. 그런데 나중에 두려운 생각이 들었습니다. 어려운 곡을 괜찮게 연주할 수 있었지만 스스로가 무슨 일을 하고 있는지에 대해서는 아무 생각이 없다는 걸 깨달았거든요. 저를 앉혀놓고 모차르트 협주곡을 보여주면서 "그래, 이 곡을 백만 번은 들었을 텐데, 뭐가 보이니?"라고 묻는 사람은 없었습니다. 하지만 오늘 아이들의 무대에는 종이에 적힌 음표 이상의 것이 있었습니다. 또 오랜 시간 계속된 힘든 노력, 헌신, 고집이 있었습니다. 빠른 시간에 쉽게 얻을 수 있는 준비된 해법을 선택하는 대신 정해진 과정을 끈질기게 밟는 가치를 이해하는 아이들을 보았습니다. 수천 명의 관객 앞에서든, 단 두 명뿐인 관객 앞에서든 똑같은 열정과 헌신으로 공연하는 진정한 음악가의 자질을 가진 아이들을 보았습니다. 관심이나 칭찬을 받기 위해 열심히 연습하는 게 아니라 그들 자체가 그런 사람이기 때문에 참되게 연습하는 아이들을 보았습니다. 아이들이 이룬 것은 성공적인 공연 그 이상이었습니다. 지금의 그런 모습이야말로 아이들이 궁극적으로 이룬 것이었습니다.

이 사려 깊은 선생님의 편지는 배움의 과정에서 올바른 것과 그릇된 것이 무엇인지를 요약해 보여준다. 만약 공연 자체(또는 시험)가 가장 중요하다면 학생들은 즐거움도 느낄 수 없고 진정한 이해도 할 수 없다. 좋은 뜻을 가진 어른도 때로는 진정 중요한 것을 가려내는 시각을 잃을 수 있다. 청중, 공연, 그리고 무엇보다 자만에 흔들리지 않고 아이들을 가르치는 법을 배웠을 때 그 과정 자체가 중심 무대를 차지하게 되었다. 그리고 그때 빛을 발하는 행복한 배우들이 탄생했다.

세상이 알아주지 않는다 해도

카디널스의 최고 선수 가운데 한 명이 2점짜리 홈런을 쳐 점수는 다시 7 대 5로 벌어졌다. 오늘 다저스는 경기가 잘 풀리지 않는 듯 보였다. 관중이 일어나 '야구장에 데려가 주세요Take Me Out to the Ball Game'를 부를 때 카디널스의 슈퍼스타가 더그아웃에서 일어나 수비 포지션으로 달려갔다. 우리 뒤에 있던 사람들은 그 선수에게 소리를 지르기 시작했다. 그 중에서도 한 사람이 유난스레 소란을 피웠다.

공부의 목적을 어디에 두는가

아이가 남들의 관심이나 칭찬에만 신경 쓰거나 단순히 시험 성
적에만 주목하게 하지 마라. 그럴 경우 아이는 즐거움도 느낄 수
없고 진정한 이해도 할 수 없다. 성공적인 학습 결과보다 중요한
것은 전보다 한 뼘 더 성장한 아이의 마음가짐이다.

야유꾼: 꺼져! 꺼져버려! 재수 없는 놈! 네 마누라는 나한테 맡기고 혼

자 그 짓이나 하시지.

　　(친구들과 주위 몇몇 관중이 웃음을 터트린다.)

레이프: (아이들을 가리키며) 이봐요.

야유꾼: 당신은 또 뭐가 불만인데?

레이프: 불만 없습니다. 이제 겨우 열 살인 애들이에요. 목소리를 좀 낮

춰주시겠어요?

야유꾼: 당신도 꺼져! 꺼져버리라고! 뭘 어쩔 건데?

　　(당장이라도 후려칠 듯 위협적인 태도로 맥주병을 집어 든다.)

레이프: 아닙니다, 아니에요. 귀찮게 해서 미안합니다.

　아인슈타인은 똑같은 일을 되풀이하면서 다른 결과를 기대하는 것은 '미친 짓'이라고 말했다. 아까 앞에 앉아 있던 사람에게 어린 자녀의 위험한 행동을 말려달라며 바보 같은 요구를 했던 나는 또다시 말을 골라 쓰라고 요구하는 실수를 범하고 말았다. 두 노력 모두 비슷한 반응으로 돌아왔다. 무엇보다 우스운(어쩌면 슬픈) 일은 그 사람들이 하는 이야기를 잠시 엿들은 아이들이 그 가운데 두 명이 교사라는 사실을 알아챘다는 것이다.

　아이들은 내게 화장실에 같이 가줄 수 있는지 물었는데 마침 나도 가려던 참이었다. 젊은 시절에는 물이나 콜라를 몇 병이나 마시고도 절대 자리를 뜨지 않을 수 있었다. 하지만 세월이 흘렀다.

　누구나 그렇겠지만 내게도 볼일 보는 시간은 사적인 순간이기 때문에 옆 소변기 남자가 말을 걸어왔을 땐 깜짝 놀랐다. 우리 뒤에 앉은 무리 중 한 사람이었는데 알고 보니 말을 조심해 달라는 내 부탁에 욕설을 퍼부었던 그 남자의 친구였다. 이 사내는 PBS 다큐멘터리 〈호바트 셰익스피어 연극반The Hobart Shakespeareans〉에 등장했던 아이들을 알고 있었다. 자

신이 다니는 학교의 간부 회의에서 그 다큐멘터리가 상영되었다고 했다. 내게 사과를 하고 싶은지 손을 내밀었지만 손을 먼저 씻은 다음에 그랬으면 더 좋았을 뻔했다는 생각이 들었다. 화장실에서 나온 우리는 유쾌한 대화를 나눴다.

사 내: 저기, 좀 전에 제 친구 일은 미안합니다. 그냥 장난 좀 친 거예요. 선생님을 곯려주고 싶었나 봅니다.

레이프: 괜찮습니다. 어쨌거나 애들한테 가봐야겠어요. 이해하시죠.

사 내: 뭘 하나 물어봐도 될까요?

레이프: 물론이죠. 물어보세요.

사 내: 왜 이런 일을 하죠?

레이프: 뭘 한다는 말입니까?

사 내: 아시잖아요. 하루 종일 일하는 거. 아이들을 데리고 다니는 거.

레이프: 글쎄요. 그게 좋으니까요. 아이들을 가르치는 건 굉장한 일이에요, 안 그래요?

사 내: 그럼요, 저도 이 일이 좋아요. 돈은 많이 벌어요?

레이프: 별로요.

사 내: 선생님은 책도 몇 권 쓰고 텔레비전에도 나왔잖아요. 퇴직해도 될 것 같은데, 안 그래요?

레이프: 글쎄요……

사 내: 에이, 누가 보는 것도 아닌데 왜 그래요. 우리끼리 얘긴데요, 뭘. 왜 아직도 이 일을 하죠?

레이프: 그냥 정말 좋아서 그래요.

사 내: 에이……

레이프: 알겠어요. 그 대신 다른 사람에게 말하면 안 돼요, 알겠죠?

사 내: 그럼요!

레이프: 아내가 부엌을 개조하고 싶어 해요. 책이나 영화로 돈을 좀 더
　　　　벌면 아내가 부엌을 새로 단장할 수 있지요. 그런데 정말 우리
　　　　끼리 얘기예요, 알겠죠?
사　내: 그럴 줄 알았다니까! 고마워요, 친구. 재밌게 보내요.
레이프: 당신도요.

　예전 같았으면 나는 교사로서 최선을 다하고 싶을 뿐이라고 어떻게든
이 사내를 설득시키려고 했을 것이다. 내가 하는 일을 정당화하고 우리
학생들의 능력과 그들이 이룬 성과에 대해 진심으로 생각해 보게 만들
려면 내 쪽에서 상당한 에너지를 쏟아야 할 것이다.
　하지만 아내가 부엌을 개조하려고 해서 가르치는 일을 그만둘 수 없
다고 말하면 훨씬 기분 좋게 납득한다. 그는 세자르가 이룬 것이나 요요
의 노래 실력에 대해 알 필요가 없다. 몇 년 전이라면 내가 조금 더 희생
한 결과가 얼마나 큰 결과로 돌아왔는지, 어떻게 하면 평범한 아이가 특
별한 존재가 될 수 있는지 증명하려 들었을 것이다. 지금의 나는 세상에
무언가를 인정받으려고 노력하는 것이 결국은 모두의 시간을 낭비하는
꼴에 불과하다는 걸 깨달을 만큼은 조금 더 현명해졌다고 생각한다. 요
즘에는 누가 왜 그렇게 많은 시간을 아이들과 보내는지 물을 때 그들이
원하는 게 진실한 대답이 아니라는 생각이 들면 항상 아내가 부엌을 새
로 단장하고 싶어서라고 대답한다. 그러면 모두가 행복한 얼굴로 돌아
선다.

부모가 먼저 겸손의 모범을 보여야 한다

아이를 가르치고 키우는 데 가장 우선하는 규칙은 우리 스스로
가 아이에게 바라는 그런 사람이 되어야 한다는 것이다. 부모가
먼저 주변 사람들이 뭐라고 평가하든 상관없이 온전히 아이의
교육에만 신경을 써야 한다. 가장 큰 보상은 아이의 변화다.

아이들이 7회 말을 관람할 준비를 하는 사이 세자르는 《뜻대로 하세요》에 등장하는 자신의 대사를 열심히 연습하고 있었다. 세자르는 내가 전에 가르쳤던 두 학년 위의 펠릭스에게 연기 지도를 받았다. 펠릭스는 56호 교실을 거친 수많은 학생 가운데 가장 훌륭한 학생(그리고 인간)이다. 늘 겸허한 성격과 소리 없는 강인함 때문에 아이들 사이에서 존경을 받았다. 굳이 존경을 구하지 않아도 어린 학생들은 그를 굉장히 우러러본다.

펠릭스는 머리가 좋고 재능도 많은데, 특히 희극 배우의 자질이 뛰어나다. 어깨 위로 흘러내리는 머리카락에 빼어난 용모를 가지고 있고 무대 위에서의 타이밍도 탁월했다. 세자르는 이 정신적 스승에게 연기 지도를 받았다. 남부러운 재능을 지닌 탓에 시기를 살 수도 있었던 펠릭스는 워낙 겸손해서 모든 아이에게 모범이 되었다. 펠릭스의 겸손을 몸소 체험한 아이들은 그대로 본받으려고 한다. 펠릭스는 친절함과 섬세함의 표준을 제시했다. 중학교에 다니는 펠릭스가 휴일을 맞아 도움을 주러 우리 반을 찾을 때면 늘 제일 힘든 일을 도맡았다. 어질러진 바닥을 가장 먼저 청소하고, 다른 아이들이 "도저히 못 가르치겠다"며 포기한 학생에게도 20분을 추가로 쓰는 아이였다.

문제가 많은 아이들이 항상 세자르의 담당이라는 것도 그리 놀라운 일은 아니었다. 이 세자르를 바로 펠릭스가 지도했던 것이다.

언제부턴가 우리는 다른 사람에게 인정받는 일을 가장 중요하게 생각하게 된 듯하다. 많은 부모는 자녀가 우등생이라는 사실을 광고하는 스티커를 차에 붙이고 다닌다. 아이가 우등생이라 해도 굳이 자랑하고 다닐 필요는 없다. 아이가 잘해 나가고 있다는 것은 환상적인 일이지만, 그것은 그 자체로 보상이 되어야 한다. 콜버그의 6단계 과정으로 말하면, 아이들은 6단계 삶을 살아야 한다. 주변 사람들에게 칭찬을 받기 위해 1단계 사고를 하는 사람이 되어서는 안 된다. 스티커를 떼어냈다면 이제 그 겸양으로 한층 더 특별한 사람들과 아이를 만나게 해서 겸손의 중요성을 가르치자.

좋은 일은 휴일에만?

찰스 디킨스의 소설 《크리스마스 캐럴A Christmas Carol》의 마지막 부분에서 구두쇠 스크루지는 살아 있는 동안은 1년 내내 크리스마스처럼 살겠다고 약속한다. 가장 먼저 그동안 함부로 대했던 가난한 급사 밥 크래치트에게 값비싼 칠면조를 익명으로 보낸다. 그의 훌륭한 행동은 선물을 익명으로 보냈다는 데서 빛을 발한다. 오래된 텔레비전 시리즈 〈론 레인저The Lone Ranger〉에서도 이와 유사한 에피소드를 찾아볼 수 있다. 가면을 쓴 영웅이 선한 행동을 하고는 재빨리 사라지면 그의 은혜를 입은 사람들은 "그런데 고맙다는 말도 하질 못했어"라고 말한다. 아이들은 이런 마음가짐을 갖고 자라야 하는데, 휴일이 그런 가르침을 줄 수 있는 좋은 기회다.

추수감사절이나 크리스마스에 가족과 함께 지역 노숙자 쉼터에서 시간을 보내는 것도 굉장히 멋진 일이지만, 스크루지가 그랬듯이 이런 정신을 1년 내내 실천한다면 더더욱 훌륭한 일이 될 것이다. 예를 들어 다른 휴일에도 남모르게 좋은 일을 하는 것도 거기에 속할 수 있다. 학급 단위나 가족 단위로 지역 환경 운동에 참가해 식목일에 나무를 심고 경축하는 사람들도 있다. 내가 참관했던 한 학급은 전몰장병 추모일 아침에 퇴역 군인에게 선물 바구니를 보낸다. 그런가 하면 내 동료는 독립기념일마다 근위축증 연구 기금을 조성하는 10킬로미터 걷기 행사에 참가한다.

자신에게 관심을 집중시키려 애쓰지 않고 이 세상을 더 나은 곳으로 만드는 데 휴일을 보낸다면 아이에게 겸손의 가치를 가르칠 수 있다. 휴일을 매번 다른 교훈을 줄 수 있는 기회로 삼아보자. 예를 들어 노동절 소풍이나 바비큐 파티 전에 혼자서 식사를 준비할 만큼 건강하지 못하거나 형편이 넉넉하지 못한 사람들을 위해 식사를 마련하는 것도 좋을 것이다. 언론을 비롯한 어떤 매체의 평가도 뒤로한 채 이런저런 좋은 일을 하는 단체가 많이 있다. 그들은 궁극의 자선이란 겸허하게 해야 한다고 믿는다. 이 세상을 조금 더 나은 곳으로 만드는 데 휴일을 보낸다면 여러분의 자녀도 이 사실을 깨닫게 될 것이다.

겸손이 나오는 값진 영화

아이와 함께 겸손에 대해 이야기하고 겸손에 대한 교훈을 가르칠 계획이라면 영화 〈필사의 도전The Right Stuff〉(1983)을 활용해 보기 바란다. 흥행에는 실패했지만 굉장히 훌륭한 영화라 56호 교실에서는 반드시 봐야 할 영화 목록에 올라 있다. 영화에 나오는 상스러운 표현 때문에 아주 어린 아이가 볼만한 영화는 아니지만 역사와 인물에 대한 탁월한 교훈을 담고 있다. 아이에게 올바른 것에 대해 가르치고 싶어 하는 부모에게 더할 나위 없이 좋은 자료가 될 것이다. 이 영화는 꿈을 이루려는 아이들에게 좋다. 자신의 꿈을 좇는 젊은이는 성실하고 명예롭게, 그리고 열정적으로 날아오른다. 하지만 높은 하늘에 다다른 아이는 자신이 거대한 우주의 일부이며 지극히 작은 존재라는 걸 깨달아야 한다. 다른 모든 이의 도움이 없었다면 결코 높은 하늘에 다다를 수 없었을 것이라는 사실을 말이다.

영화에는 조종사 고든 쿠퍼를 중심으로 한 익살스러운 장면이 나온다. 데니스 퀘이드Dennis Quaid가 멋지게 소화한 고든 쿠퍼라는 인물은 젊지만 거만한 조종사다. 쿠퍼는 지나는 사람마다 붙잡고 이런 질문을 던진다.

"지금까지 본 조종사 중에서 제일 뛰어난 사람은 누구지?"

뭔가를 의미하듯 잠시 침묵한 후 장난스러운 미소를 띠고 대답한다.

"바로 눈앞에 있는 나잖아."

하지만 여러 사건을 겪으면서 쿠퍼의 생각은 변화를 겪게 된다. 영화 막바지 장면에서 우주 공간으로 출발하려는 쿠퍼를 기자들이 둘러싼다. 그리고 쿠퍼가 즐기던 질문을 던진다.

"지금까지 본 조종사 중에서 제일 뛰어난 사람은 누굽니까?"

쿠퍼는 미소를 지으며 늘 하던 답변 대신 정직한 답변을 내놓는다. 개인적 성장을 겪은 그는 언론에 진실을 말하려고 노력한다. 그래서 수없이 많은 위대한 조종사들이 있고 그중 다수는 임무를 수행하는 과정에서 이름도 남기지 못하고 죽었다고 설명한다. 그리고 음속 장벽을 깨고 '옳은 일'을 한 신화적인 조종사 척 예거를 얘기하기에 이른다.

하지만 누구도 쿠퍼의 이야기에 귀를 기울이지 않는다. 언론은 진실을 들으려는 것이 아니다. 누구도 자신의 말에 관심을 보이지 않는다는 사실을 깨달은 쿠퍼는 예전에 늘 하던 "바로 눈앞에 있는 접니다"라는 답변을 제시하고, 언론은 그의 대답에 열광한다.

이 영화는 부모, 교사, 학생이 직면하는 과제를 잘 표현하고 있다. 겸손을 배우는 것은 어려운 일이다. 우리 사회가 뽐내고 허풍 떠는 데 더 관심을 보인다는 사실을 깨달았을 때는 특히 더 어렵다. 겸손을 찾으려는 아이들이 부디 이 사실을 이해하고 결의를 다져 올바른 일을 했으면 한다.

겸손을 위한 도서 목록

일단 아이가 영화에서 겸손을 배웠다면 문학 속 위대한 인물에게서도 겸손을 찾기 시작할 것이다. 아이의 마음과 정신에 겸손을 각인시키는 데 도움을 줄 수 있는 도서 몇 권을 추천하겠다.

어떻게 하면 겸손해질 수 있는지에 대한 교훈을 구하다 보면 성경을 비롯한 종교적인 이야기에 닿을 때가 있다. 리처드 운거Richard Ungar의 《더 높이Even Higher》는 아이들이 읽기 좋은 유대인 이야기다. 이삭 페레즈Isaac L. Peretz의 전설적인 이야기('비록 높지는 않다 할지라도'라는 제목의 하시디즘 설화를 가리킨다_옮긴이)를 개작한 이 소설은 수수께끼 랍비가 매주 사람들이 기도를 올리려는 순간마다 사라지는 유대인 마을을 소재로 하고 있다. 랍비가 어디로 가는지를 두고 온갖 소문이 퍼진다. 지저분한 이야기를 퍼뜨리는 사람이 있는가 하면, 신자들의 기도가 닿을 수 있게 하늘의 문을 열러 올라간다고 믿는 사람도 있었다.

한 아이가 랍비의 비밀을 벗기기로 결심하고 그의 집에 몰래 들어가 침대 밑에 숨는다. 놀랍게도 이 영적 지도자는 농부의 옷을 입고 몰래 마을을 빠져나가 숲으로 간다. 그곳에서 그는 한 늙은 여인을 위해 나무를 쪼개고, 아궁이에 불을 피우며, 너무 아파 스스로 기도를 암송하지 못하는 그녀를 위해 기도를 올린다. 소년은 마을로 돌아와서 도움을 받는 사람들조차도 모르게 선을 행하는 이 겸손한 사람의 제자가 되기로 결심한다. 마을 사람들이 아이에게 랍비가 하늘로 가더냐고 묻자 소년은 이렇게 대답한다.

"그보다 더 높이 올라갔어요."

사춘기에 겸손이라는 주제를 논하는 것은 매우 중요하다. 사춘기 아이들은 사회적 압력과 친구들의 압력에 쉽게 자신이 이룬 것을 말하는 경향이 있다. 중학생들은 존 놀스John Knowles의 고전 《분리된 평화A Separate Peace》를 읽고 가르침을 얻을 수 있다. 그중에서도 3장을 주의 깊게 읽어야 하는데, 내용을 간단히 소개하면 이렇다. 어느 날 학교의 뛰어난 육상 선수 피니어스는 친구 진과 함께 수영을 했다. 주변에 아무도 없던 터라 안타깝게도 피니어스의 수영 기록은 공식 기록으로 남지 못한다. 피니어스는 정규 수영 훈련을 받지 않았지만 진이 시간을 재는 동안 출발대에서 물로 뛰어들어 학교 기록을 깨트린다. 진은 그와 같은 중요한 성과를 두고 말을 잇지 못한다. 그러면서 목격자도 없고 친구의 기록이 공식 기록으로 남을 수도 없다는 사실에 안타까워한다. 진은 다음 날 학교 신문을 불러 오늘 기록을 보여주면 좋겠다고 제안한다.

하지만 피니어스는 그렇게 하지 않는다. 그는 학교 기록을 깰 수 있는지를 확인하고 싶었을 뿐이며, 그에게는 그걸로 충분했다. 진은 이런 사고방식을 가진 피니어스에게 크게 감동하며 그 의미를 마음 깊이 새긴다. 모든 아이가 이와 같은 사람이 되길 바란다. 뛰어난 사람이 된다는 건 특별한 일이다. 그러나 뛰어난 사람이라고 세상에 공표하는 건 바람직하지 않다.

《앵무새 죽이기》도 읽게 하자. 겸손이 조용함과 약함을 의미한다는 오해를 벗겨주려면 반드시 읽혀야 할 중요한 작품이다. 애티커스 핀치라는 인물을 통해 아이들은 겸손한 자가 곧 힘 있는 자라는 걸 이해하게 될 것이다. 10장에서 핀치의 자녀인 젬과 스카웃은 아버지가 아무것도 할 수 없는 늙은 남자일 뿐이라 생각하고 크게 실망한다. 이웃의 머디 아줌마가 아버지를 감싸며 "사실을 알면 깜짝 놀랄 것"이라고 말할 때에도 확신을 갖지 못한다.

미친개가 마을 거리에 출현했을 때 젬과 스카웃은 비로소 눈을 뜨게 된다. 마을 사람들이 닫힌 문 뒤에 숨어 두려움에 떨 때 테이트 보안관은 애티커스에게 위험한 개를 죽여 달라며 총을 건넨다. 이 겸손한 변호사는 총알 한 방으로 개를 쓰러뜨리고, 젬과 스카웃은 아버지가 주 최고의 명사수라는 걸 알게 된다. 아버지의 사격 솜씨에 흥분한 스카웃이 학교 친구들에게 아버지 이야기를 들려주려고 들뜬 마음으로 계획을 세울 때 오빠 젬이 말린다. 겸손은 쉽게 얻어지는 것이 아니며, 약함의 표시가 아니라 강함의 표시라는 걸 깨달았던 것이다. 젬은 아버지가 진정한 신사임을 알고, 아버지처럼 되기를 희망한다.

아이들이 젬의 생각을 이해했다면 다음 수업으로 넘어갈 준비가 된 것이다. 찰스 디킨스의 《위대한 유산Great Expectations》은 고등학생들이 도전해 봐야 할 어렵지만 훌륭한 소설이다. 어린 주인공 핍은 성질 나쁜 누나와 마음 좋은 매형 조 가저리와 함께 비참한 어린 시절을 보낸다. 핍은 자신의 미래가 '위대한 유산'을 가져올 것이라는 희망 속에 산다. 하지만 아름답고 신비로운 소녀 에스텔라와 그녀보다 한층 더 이상한 보호자 해비샴 부인에게 어린 시절 내내 괴롭힘을 당한다. 언젠가 찾아올 부유한 삶을 꿈꾸는 핍은 대장간에서 살다시피 하면서 늘 최선을 다하는 매형의 모습에 부끄러움을 느낀다. 교육도 제대로 받지 못하고 훌륭한 매너도 없는 조 가저리가 사실은 자신이 닮아야 할 아버지상이라는 걸 인식하지 못하는 것이다. 대장간에서 성실하게 일하는 조를 보면서도 핍은 '빛'을 보지 못한다. 부와 물질적인 것에서만 행복을 찾으려 하면서 어리석게도 조용하고 겸손한 대장장이를 무시한다. 조에게서 위대한 지혜와 품성의 깊이를 발견해야 하는데도 말이다. 핍은 진실을 보지 못하지만 이 책을 읽는 독자는 진실을 볼 수 있을 것이며, 그렇게 발견한 진실을 삶에 적용한다면 아이에게 위대한 교훈이 될 것이다.

디킨스를 비판하는 사람들은 이야기의 슬픈 결말을 지적하곤 하지만 주제를 부각시키기 위해서는 꼭 필요한 결말이다. 핍은 자신이 지닌 문

아이에게 겸손을 가르치는 방법

- 크리스마스나 방학 때처럼 특별한 날이 아니더라도 일상 속에서 남몰래 이웃을 돕는 프로그램에 가족이 함께 참가해 보자.

- 다른 이들의 도움 없는 성공은 있을 수 없으며, 겸손이 조용함과 약함을 뜻하는 게 아니라는 것을 영화와 책을 통해 깨닫게 해보자.

제의 해결책을 찾지 못했고, 그 때문에 핍의 이야기는 행복할 결말을 맞이할 수 없었다. 거만함 때문에 진정한 행복을 얻지 못한 것이다. 핍의 비극적인 이야기를 통해 아이들은 겸손이 가장 큰 성취라는 걸 배우게 될 것이다.

마지막으로 아서 밀러_{Arthur Miller}의 희곡 《세일즈맨의 죽음_{Death of a Salesman}》은 성공하려면 반드시 겸손이라는 미덕을 갖추어야 한다는 교훈을 준다. 이 희곡에서는 윌리 로먼과 그의 두 아들이 얕잡아 보는 버나드라는 인물을 탐구해야 한다. 2막에서 버나드는 좋은 가정을 가진 변호사로 성장한다. 버나드는 겸손을 잃지 않으면서 윌리와 대화를 나누다가 일이 있다며 곧 자리를 뜬다. 버나드가 떠나고 나자 아버지 찰리는 윌리에게 버나드가 사건을 맡아 미국 대법원에 간다고 말한다.

"그런 말은 한마디도 없었는데!" 윌리는 깜짝 놀라 소리친다.

"그런 말은 할 필요가 없었던 거지."

찰리는 윌리에게 설명한다.

"그저 일을 '하러' 간 거니까."

더 높이 올라서는 비결

새로 등판한 양 팀의 구원투수가 타자들을 농락하듯 막아내면서 점수는 7 대 5를 벗어나지 못했다. 아이들은 계속해서 연극 대사를 연습했고, 세자르가 자신의 정신적 스승인 펠릭스의 말투와 외양을 그대로 흉내 내자 웃음을 터트렸다. 언제나 어깨까지 내려오는 긴 머리카락을 자랑하던 펠릭스가 그 전날에는 완전히 대머리로 교실에 나타났는데, 그것은 상당히 파격적인 모습이었다.

그 모습을 묘사하려는 듯 세자르가 머리에 냅킨을 둘러 머리카락을 가리자 아이들이 자지러졌다. 그러나 나에게서 펠릭스의 이야기를 듣고 나서는 웃음이 사라졌다. 펠릭스에게 머리를 민 이유를 묻자, 반 친구 중 한 명이 암에 걸려 화학 치료를 받고 있다고 말했다. 그러면서 그 친구에게 자기 머리카락을 선물하기로 했다는 것이었다. 내가 그것이 학교 차원에서 하는 일이냐고 물었을 때 펠릭스는 "아니에요"라고 간단하게 대답했다.

웃던 아이들이 순식간에 쥐 죽은 듯 조용해졌다. 심각한 표정으로 한 마디도 없이 앉아 있었지만 뭔가를 생각하고 있다는 것만은 분명했다. 아이들은 셰익스피어 연극을 공연할 수 있었고, 원하는 대학에 들어갈 만큼 충분히 좋은 점수도 받고 있었으며, 야구 경기 점수를 계산하는 수학에도 통달했다. 태도라면 더 나무랄 데가 없었다.

언젠가 이 아이들도 펠릭스의 뒤를 따를 것이다. 펠릭스는 이미 더 높이 올라가 있었다.

8회 학교에 눈이 멀지 않으려면

분별력

자녀 교육에서 가장 고민이 되는 것은 아마도 '학교 선택'일 것이다.
초등학교부터 대학교까지 어디가 좋은지, 대안학교나 홈스쿨링은 어떤지
부모와 자녀는 끊임없는 선택의 기로에 놓이게 된다. 우리가 이토록 고민하는 것은
이제 막 싹을 틔운 아이가 따분하고 두렵고 비참한 학교 안에 갇히길 원하지 않기 때문이다.
부모와 자녀가 학교 교육에 대해 어떤 기준을 갖고 있어야 하는지 알아보자.

8회가 시작되기 전 휴식 시간이었다. 관중은 거대한 전광판 스크린에서 펼쳐지는 볼거리에 웃음을 터트렸다. 카메라가 관중석에 있는 연인을 번갈아 비추자 답례라도 하듯 그들이 키스했고, 그 장면에 사람들은 환호했다.

아이들은 낯선 사람들의 키스에는 흥미가 없었다. 아이들의 마음속엔 훨씬 더 중요한 문제가 있었다. 그날은 5월의 마지막 날이었고, 초등학교 학기가 한 달도 채 남지 않았다. 중학교가 눈앞에서 손짓을 하고 있었던 것이다.

초등학교를 졸업하면 자동으로 인근 중학교로 진학하던 시절이 있었다. 다른 지역의 중학교를 다닌다는 것은 생각조차 할 수 없는 일이었다. 같은 동네에 사는 아이들은 초등학교, 중학교, 고등학교를 함께 다녔다.

하지만 세월이 변했다. 나와 함께한 5학년 학생들은 지금 사는 지역의 중학교에 들어갈 계획이 없다. 인근 중학교 수준은 상상할 수 없을 만큼 처참했고, 당연히 학교 교직원들의 고생도 이만저만이 아니었다.

슬프지만 어쩔 수 없는 악순환이다. 사회적 가치 하락과 빈곤은 무례하고 무관심한 아이들을 길러내는 학교 환경을 만들었다. 아이들의 냉담한 태도는 즐겁게 열심히 가르쳐야 할 교사에게서 열정과 기쁨을 빼앗아간다. 교사가 여기에 굴복하면 아이들은 한층 더 제멋대로 군다. 이처럼 잔인한 악순환이 계속되다 보니 아이와 부모는 더 안전한 안식처를 제공하는 학교를 찾는다.

오늘날 수많은 가족에게는 훌륭한 교육을 위한 탐구가 초등학교를 선택하는 데서부터 시작된다. 어떤 가족은 한 걸음 더 나아가 이 학교 저 학교를 비교하고 찾아다니는 대신 아예 홈스쿨링Home Schooling을 선택하기도 한다. 이상적인 상황을 찾는 문제는 쉽게 해결되지 않는다. 아이를 집에서 가르치는 것이 누군가에게는 해답이 될 수 있지만, 또 다른 누군가에게는 차터 스쿨Charter School(주정부의 예산으로 설립되지만, 자율적으로 운영되는 공립학교_옮긴이)이나 마그넷 스쿨 같은 학교의 학업 환경이 더 호의적으로 보일 수 있다. 어떤 결정을 내리든 간에 이런 문제에 관심을 갖는 부모라면 공통으로 생각하는 것이 있는데, 그것은 바로 이제 막 싹을 틔운 자녀가 따분하고 두렵고 비참한 학교 안에 갇히길 원하지 않는다는 것이다.

이 장에서는 이런 문제에 깊은 관심이 있고 자녀가 꽃피울 수 있는 특별한 장소를 찾고 있는 부모에게 몇 가지 제안을 하려고 한다.

아이를 저희에게 맡기십시오

아이를 위해 더 나은 환경을 찾는 과정에서 차터 스쿨이나 사립학교를 선택하게 될지도 모른다. 물론 이 중에도 뛰어난 교육을 제공하는 학교가 있지만 대부분은 그저 평범한 수준이다. 여기서 꼭 기억할 게 하나 있다. 이 학교들은 자기네 학교가 자녀에게 최고의 교육을 제공할 장소라고 주장하면서 자신들을 자발적으로 선택할 것을 요구한다. "아이를 저희에게 맡기십시오. 저희 학교는 지역 공립학교보다 더 나은 교육을 제공할 수 있습니다"라고 말하면서 말이다. 하지만 학부모가 그런 약속을 이행할 수 있다는 증거를 보여달라고 요구할 때 학교는 신뢰의 간극을 드러내기도 한다.

사립학교나 차터 스쿨의 가능성과 잠재력을 철저하게 파헤치려는 부모는 날카로운 질문으로 학업 환경의 실태를 확인할 필요가 있다. "이 학교가 어떤 점에서 더 낫다는 겁니까?"와 같은 빤한 질문을 던져봤자 그럴듯한 시험 점수만 장황하게 늘어놓을 뿐이다. 보통 차터 스쿨이 강조하는 것은 표준화 시험인데, 특히 제도권에 있는 다른 학교보다 더 나은 성과를 올리고 있다는 것을 증명할 때는 여지없이 표준화 시험 점수를 내민다. 물론 평가도 중요하다. 하지만 그게 '다'가 아니다. 자녀는 부모가 선택한 학교에서 수천 시간을 보내게 된다. 이렇게 생각하면 학교를 찾고 선택하는 기준은 그저 시험 점수만이 아니라 그것을 훨씬 넘어서는 것이 되어야 한다. 최고의 학교는 표준화 시험으로 측정할 수 없는 부분에서도 아이의 성장과 성취를 돕는 데 초점을 두어야 한다. 시험 점수는 과정을 말해주지 않는다. 결과에 대해서만 말할 뿐이다. 학교 홍보 책자를 돋보이게 할 뿐, 실제로 시험 점수가 그 학교에 대해 말해주는 바는 별로 없다.

지난해 여름 어느 일요일 오후 몇몇 아이를 다저스 구장에 데려간 적이 있었다. 온도가 체온과 맞먹을 정도로 높아 매우 불쾌한 날씨였다. 아이들은 목을 보호하기 위해 수건이 붙어 있는 모자를 가져왔고 자외선을 차단하려고 선크림을 준비했다. 주차장을 지나던 우리는 다른 학교에서 온 학생 50여 명이 아스팔트 위에서 얼굴을 그대로 내놓고 힘들게 서 있는 모습을 봤다. 잘 알려진 차터 스쿨에서 온 아이들이었는데, 그 학교의 업적에 대한 소문은 전국적으로 유명했다. 모든 학생이 학교 이름이 박힌 티셔츠를 입고 있었기 때문에 쉽게 알아볼 수 있었다. 인솔 교사들이 조금 떨어진 곳에서 날씨보다 더 뜨겁게 토론을 벌이는 동안 태양 아래서 땀을 뻘뻘 흘리며 서 있는 아이들은 조금 짜증이 나 있었다. 다른 사람들에게 깔끔한 인상을 주기 위해 아이들이 셔츠를 바지 안에 넣어 입어야 한다는 주장과 그럴 필요가 없다는 주장이 맞서고 있었다. 최소 30분은 그 문제로 실랑이를 벌이고 있었을 게 분명했다. 2회까지도 학생들이 경기장 안으로 들어오지 않았기 때문이다. 마침내 경기장으로 들어온 아이들은 모두 셔츠를 바지 안으로 넣은 상태였으나 다들 비참한 얼굴이었다. 우리 근처에 앉아 경기를 관람했는데, 대부분이 경기를 볼 준비가 되어 있지 않은 듯했다. 서로에게 음식물을 집어던지는 등 경기를 거의 보질 않았다. 6회가 끝나자 모두 일제히 경기장을 떠났다. 셔츠는 여전히 바지에 집어넣은 채로 말이다.

아이들이 경기 자체를 배우는 것보다 경기장을 찾는 사람들에게 어떻게 보이는지에 더 신경을 쏟는 학교라면 우리 자녀가 다니기에 좋은 곳이 아닐 것이다. 아이를 뛰어난 사람으로 키울 수 있는 최상의 공간은 어떻게 '보이는지'보다는 어떻게 '존재하는지'에 관심을 두는 학교다.

각자 맞는 학교는 따로 있다

뛰어난 학교들도 교실 환경에 대한 신념에서 매우 다양한 차이를 보

학교가 내세우는 점수가 다가 아니다

"아이를 저희에게 맡기십시오"라고 광고하는 학교들. 그들은 재학생의 좋은 성적을 내세우곤 한다. 그러나 그런 점수는 학교가 약속을 이행한다는 증거가 될 수 없다. 아이를 뛰어난 사람으로 키울 수 있는 최상의 공간은 어떻게 '보이는지'보다는 어떻게 '존재하는지'에 관심을 두는 학교다.

인다. 그에 걸맞은 명성을 지닌 훌륭한 학교도 있지만, 그런 학교라고 해서 모든 아이에게 최선의 선택이 되는 것은 아니다. 좋은 학교를 찾을 때는 학교 수준이 높은 것도 확인해야 하지만 아이가 편안하게 다닐 수 있는 곳인지도 파악해야 한다.

예전에 가르쳤던 학생 중에 사만다와 마리아라는 아이가 있었는데, 명문 프렙 스쿨Prep School(대학 진학을 위한 예비 학교로, 상류층 아이들이 많이 다닌다_옮긴이)에서 자기 학교에 와 달라며 6학년부터 12학년까지의 장학금을 제의했다. 가족은 황홀경에라도 빠진 듯했다. 두 아이는 졸업생을 전국 최고 대학들에 입학시키는 특권적 학교에 자리를 얻은 것이다. 꿈이 실현된 듯 보였다.

학구적 견지에서 봤을 때 그 학교의 적합성에 대해서는 비난의 여지가 없었다. 교과 과정은 환상적이었고, 교사들의 경력도 화려했다. 교직원의 대다수는 식견을 갖춘 사람들이었고, 학생들을 세심하게 돌보았다. 영어 수업과 역사 수업에 사용되는 도서 역시 고전에서 신간에 이르기까지 훌륭한 작품으로 선정된 것이었다.

가난한 라틴계 노동자 집안에서 태어난 사만다와 마리아는 그들 앞에 놓인 길이 평탄하지 않다는 걸 알았다. 부유한 가족의 든든한 후원을 받는 백인 아이들이 절대적으로 많은 학교를 다녀야 했던 것이다. 성공적인 학교생활을 위해서는 공부도 열심히 해야 했지만 새롭고 친숙하지 않은 환경에도 익숙해져야 했다.

입학 후 몇 주 지나지 않아 두 소녀는 학급에서 가장 뛰어난 학생임을 입증해 보였다. 하지만 그들은 비참했다. 당시 열한 살이던 두 소녀는 겸손하고 수줍음이 많았다. 검소한 옷을 입고 나이에 맞게 행동했지만, 같은 학교에 다니는 친구들은 대부분 그렇지 않았다. 둘을 제외한 대부분이 열일곱이나 열여덟 살처럼 보였다. 친구들의 화려하고 노출이 심한 옷은 사만다와 마리아를 불편하게 만들었다. 그런 환경에 적응하는 것은 예상보다 훨씬 어려웠다. 그 나이 학생이라면 무릇 보여야 할 순수함과 진실함은 사라지고 나이를 앞서 간 성숙함만 남은 소녀들에게 둘러싸인 사만다와 마리아는 추월 차선을 달리는 것처럼 느꼈다.

사만다와 마리아는 새로운 상황에 익숙해지려면 원래 시간이 걸리는 법이라며 조금만 더 참아보자는 부모님의 간청에 따라 2년을 버텼다. 하지만 상황은 결코 나아지지 않았다. 둘은 7학년이 끝나고 학교를 떠나기로 결심했다. 다행히 다른 사립학교 한 곳에서 둘을 데려가려고 열을 올렸다. 이 새로운 프렙 스쿨의 분위기는 굉장히 달랐다. 이 학교에 다니는 아이들은 모두 단정한 옷을 입었고 화장도 거의 하지 않았다. 또 이전 학교와는 다르지만 그에 못지않게 흥미진진한 교과 과정을 갖추고 있었다. 이 새로운 학교에서 두 아이는 변함없이 학업을 쌓아 나갔지만, 이번에는 훨씬 더 행복했다. 편안함이 가장 중요한 요소였던 것이다.

변화를 만들어낼 줄 아는 학교

뒤에 앉아 있던 남자들이 자리를 뜨려고 일어나자 아이들이 조용하게 안도의 한숨을 내쉬는 걸 느낄 수 있었다. 화장실에서 마주쳤던 그 남자는 친구 하나가 내게 묘한 표정을 날리자 내 어깨를 가볍게 툭 쳤다. 정말이지 아이들을 야구장에 데려오는 것이 이렇게 힘든 일이 되어선 안 되는데 말이다.

이 일도 중요한 토론 주제가 될 수 있다. 이처럼 경기장에서 가족에게 적합하지 않은 상황이 자주 연출되기 때문에 많은 사람들이 아이를 경기장에 데려가지 말자는 결론에 도달하는 것이다. 술 취한 관중의 야유와 경우 없는 어른의 부적절한 행동이 전혀 교육적인 분위기를 만들지 못하는 곳에 굳이 아이를 데려가야 할 까닭은 무엇일까? 아이가 야구장에서 유익하고 재미있는 시간을 경험할 수 있도록 하기 위해 이런 행동에 과감하게 맞설 가치가 있는 걸까?

안네 프랑크의 아버지 오토 프랑크Otto Frank는 카라라는 이름의 여성을 통해 이 질문에 대한 좋은 대답을 내놓았다. 그는 제2차 세계대전 기간에 정치범 수용소에서 살아남아 암스테르담에 있는 집으로 돌아왔지만, 아내와 두 딸은 이미 나치에게 죽음을 당해 이 세상에 없었다.《안네의 일기》가 출판된 뒤에 오토 프랑크는 전 세계 어린이의 아버지상이 되었다. 카라는 그에게 편지를 썼던 수천 명의 아이들 가운데 하나였는데, 둘의 편지 교환은 수년 동안 이어졌다.

1960년대 미국의 정치적·사회적 격변은 카라에게 어마어마한 영향을 주었다. 로스앤젤레스에서 로버트 케네디Robert F. Kennedy가 암살된 후 카라는 오토 프랑크에게 자신의 슬픔을 표현하는 편지를 썼다. 이 세상에서 아이를 키우기엔 삶이 너무 폭력적이고 끔찍해 절대로 가족을 만들지 않을 것이라고 말했다.

이 편지를 받은 오토 프랑크는 전에 없이 화를 내며 답장을 보냈다. 그는 삶이 보여줄 수 있는 고통과 번민에 대해서는 자신이 아주 잘 안다면서 카라를 나무랐다. 그리고 카라가 반드시 아이를 갖고 훌륭한 사람으로 키워야 한다고 단언했다. 그가 충고하길, 그것이야말로 이 세계가 변할 수 있는 방법이라는 것이었다.

카라는 그의 충고를 마음에 새기고 아름다운 가정을 꾸렸다. 어느 날 그녀는 우리 교실을 방문해 오토 프랑크의 편지에 대한 이야기를 들려주었다. 오토 프랑크의 메시지에 너무나 공감이 갔다. 그의 교훈은 우리가 낳을 아이뿐만 아니라 이미 이 세상에서 자라고 있는 아이들에게도 적용된다고 생각한다. 불쾌한 상황으로부터 우리 아이들을 완전히 차

한 가지 기준으로 학교를 평가하지 마라

좋은 학교를 찾을 때는 학교 수준이 높은 것도 확인해야 하지만 아이가 그 수준에 맞춰 편안하게 다닐 수 있는 곳인지도 파악해야 한다. 또한 단순히 좋은 것만 교육하는 곳이 아니라 좋지 않은 것에서도 교훈을 찾게 해주는 곳인지 알아봐야 한다.

단할 순 없겠지만, 이 세상의 잘못된 모습을 예로 들어 어떻게 바로잡아야 하는지는 보여줄 수 있다. 이것이 내가 아이들을 야구장에 데려오는 이유다. 야구장에는 무례한 사람들을 만날 좋은 기회가 있다는 걸 알기 때문이다. 우리가 바로 그 변화가 되어야 한다.

대변인을 경계하라

야구는 아름다운 경기다. 무언가를 이루기 위해 필요한 것의 이면에 숨겨진 게 거의 없다. 물론 다양한 변화구와 복잡한 전략은 평범한 관중의 이해를 넘어설지 모르지만 다저스가 직면한 임무는 간단히 파악할 수 있다. 다저스는 2점이 뒤져 있고 경기에서 이기려면 점수를 내야 한다. 이것을 해내지 못하면 패한다. 이 같은 단순함에는 아름다움은 물론이고 편안함까지도 존재한다.

불행히도 자녀를 위해 올바른 학교를 선택하는 일은 결코 단순하지 않다. 심사숙고해야 할 요소가 너무 많고, 자녀의 행복은 숫자로 기록되는 야구 경기 통계처럼 일련의 일람표에 기록할 수 없다. 게다가 실제로 아이가 다니기 좋은 학교가 있는가 하면 겉만 번지르르한 학교도 있기 때문에 혼란은 가중될 수밖에 없다. 빛 좋은 개살구라는 말이 있듯이 화려함은 빈약한 속내를 감추려는 얄팍한 속임수일 수 있다. 눈에 보이는 게 항상 다는 아니다.

대부분의 대안학교는 학부모를 초청해 직접 학교를 돌아볼 수 있게 한다. 이런 행사도 물론 필요하지만 겉만 그럴듯한 광고일 수도 있다. 초청 행사는 학부모에게 깊은 인상을 주기 위해 특별히 계획되지만, 행사에서 보이는 모습이 학교의 일상적인 현실과 괴리가 있는 경우가 많다. 《호밀밭의 파수꾼》에 등장하는 홀든 콜필드의 얘기를 기억하자. 홀든은 자신이 다니는 펜시 고등학교가 매주 토요일 밤마다 학생들에게 스테이크를 제공한다는 점을 지적한다. 일요일에 학교를 찾은 학부모가 전날 저녁에 무엇을 먹었는지 물어보면 '스테이크'라고 답할 수 있도록 하기 위해서라는 것이다.

요즘 학교는 잠재 고객을 유치하려는 바람에서 긍정적인 학교 이미지를 부각시켜 줄 매체 전문가를 고용하기도 한다. 우리 학교 교장이자 나의 정신적 스승인 메르세데스 산토요 씨는 이 얘기를 듣고는 웃음을 터트렸다.

"홍보 전문가를 고용하는 학교라면……."

그녀는 잠시 생각에 잠겼다가 이렇게 말했다.

"그런 사람이 정말 필요한 게 틀림없어요."

학교 밖 수업에서 모든 게 드러난다

완벽한 교육을 위해 아이들을 데리고 다니는 일은 꼭 필요하다. 그것이 역사적 유적을 찾는 견학이든, 진학 시기를 맞은 학생들을 위한 대학 방문이든 간에 좋은 학교라면 아이들을 학교 너머의 환경에 노출시키는 환상적인 도전을 할 것이다. 부모는 자녀가 이런 여행을 하는 동안 적절한 감독을 받는지 확인해야 한다. 이틀 이상 걸리는 여행에서는 교사를 돕기 위해 학생들을 돌볼 보조 교사를 고용하기도 한다. 부모처럼 이들도 아이들에게서 절대 눈을 떼지 않는다면 좋겠지만 상황이 언제나 그렇지만은 않다. 매년 학교 여행에서 학생이 다치거나 심지어는 죽는 일도 발생한다. 신의 작용이야 어찌할 수 없다고 쳐도, 제대로 감독하기만 해도 피할 수 있었을 비극도 많다. 여행을 계획하는 학교를 고를 때는 누가 아이들과 24시간 동행하는지를 확인하자.

많은 프렙 스쿨에서 고등학생을 위한 대학 탐방 여행을 제공하는데, 이는 분명 바람직한 일이다. 훌륭한 학생이라면 익숙하고 편안한 공간을 벗어나 가능성을 시험해 볼 필요가 있다. 하지만 여행이란 주관하는 사람이 누구냐에 따라 그 수준이 결정된다. 예전에 캘리포니아의 한 유명한 프렙 스쿨 홍보 담당자가 학교에서 매년 가을 진행하는 대학 탐방 행사를 크게 선전하면서 아이들이 방문하게 될 명문 대학에 대해 칭찬을 늘어놓은 적이 있었다. 스와스모어 대학이나 스미스 대학 같은 훌륭한 학교를 탐방하기 위해 길을 떠난다고 지역신문에서까지 떠들 정도니 아이들의 미래가 매우 밝아 보였다.

내가 가르쳤던 학생 둘이 그런 여행을 다녀왔는데, 돌아와서 들려준 이야기는 신문에 보도된 내용과 너무 달랐다. 신문에서는 훌륭한 보호자가 학생들과 24시간 동행하면서 값진 조언도 제공하는 등 여행을 세심하게 계획한 것처럼 보도되었다. 하지만 아이들의 말에 따르면 실제로는 관리·감독이 제대로 이루어지지 않았다. 아이들은 시카고에서 뉴욕으로 가는 비행기를 타기 위해 새벽 4시에 일어났다. 뉴욕에 도착해서는 포킵시로 데려다 줄 버스를 타려고 서둘러 이동했고, 그날 늦게는 바사 대학에도 들러야 했다. 아이들은 아침과 점심도 먹지 못한 채 옮겨 다녔다. 여행 안내원에게 불만을 제기했지만 돌아오는 답변은 먹는 것은 중요하지 않다는 말뿐이었다. 먹는 일이야 언제든지 할 수 있지만 이 대학들을 둘러보는 일이야말로 여행을 하는 목적이기 때문이라는 것이었다. 아이들은 열네 시간이 지나서야 겨우 배를 채울 수 있었다. 바사 대학을 둘러본 뒤에는 곧바로 뉴욕으로 돌아오는 비행기를 타기 위해 버스에 올랐다. 다시 뉴욕에 도착하자 담당자들은 저녁은 각자 알아서 해결하라는 말과 함께 아이들을 해산시켰다. 보호자 한 명 없이 말이다. 믿을 수 없는 얘기 같지만, 한 번도 뉴욕에 온 적이 없는 고등학교 3학년 학생들에게 알아서 찾아다니라고 한 것은 사실이었다. 대체 누가 이것을 좋은 생각이라고 하겠는가?

자녀를 여행에 데려갈 학교를 방문할 때는 반드시 이 질문을 던지자. '누가 우리 아이를 돌보는가?' 이것이 가장 중요한 문제다.

그나마 이 여행에 참가한 아이들에게 가장 끔찍했던 경험이 굶주림이었다는 건 다행이다. 학교가 내세울 만한 점으로 여행 기회를 든다면 여행지에 대해서는 크게 걱정하지 않아도 된다. 좋은 학교는 어디나 재미있는 행선지를 마련해 두었을 것이다. 그러나 최고의 학교는 그 여행을 안전하게 즐길 수 있도록 노력할 것이다.

대학의 거짓말들

일부 사립 중고등학교를 오염시키는 신뢰의 문제는 대학에서도 쉽게 사라지지 않는다. 대학에 진학할 시기가 된 자녀와 부모는 가능성 있는 대학을 평가할 때 주의를 기울여야 한다. 〈유에스 뉴스 앤드 월드 리포트U.S. News & World Report〉에서 소개하는 최고의 대학 목록을 훑어보는 것으로 간단히 끝내서는 안 된다. 이제 막 싹을 틔운 꼬마 사진작가 예림처럼 가까이 다가가서 봐야 한다.

헬렌은 보배 같은 학생이었다. 사랑스러웠고 다른 사람의 기분을 잘 맞춰주었다. 아버지 없이 자랐고 흔히 있는 가족 간의 갈등도 겪었지만 결코 초점을 잃지 않았다. 헬렌은 황금 알이었고, 대학에서도 그걸 알았다. 그래서 헬렌은 학교를 고를 때도 다양한 선택권을 가진 부러운 위치에 있었다. 동부에 있는 한 대학이 전액 장학금을 제시했기 때문에 그 학교에 가장 끌렸다. 그 대학에서는 뛰어난 교육과 함께 숙식도 무료로 제공받을 수 있었다.

로스앤젤레스처럼 다양한 사람이 모여 사는 도시에서는 소수인종 학생으로서 겪는 불편함을 전혀 느끼지 않았지만, 집에서 5000킬로미터나 떨어진 학교를 직접 보지도 않고 들어가기가 망설여졌다. 그래서 봄 방학을 맞은 헬렌은 동부로 가는 비행기에 올랐는데, 거기서 여섯 명의 소수인종 학생들을 만나게 되었다. 그들은 헬렌이 가려는 학교가 다양성 면에서 굉장히 진보되었다고 말할 만큼 훌륭하다면서 헬렌을 설득했다. 젊은 유색인 여성인 헬렌에게 그들의 말은 집과 같은 편안함을 가져다주었다. 그들은 헬렌을 데리고 (방학이라 사실상 거의 비어 있는) 캠퍼스를 안내했고, 헬렌은 그 학교가 자신에게 이상적인 공간일 것이라고 결론을 내렸다.

하지만 1학년을 보내면서 헬렌은 진실을 발견했다. 학교를 구경시켜주었던 그 아이들이 대학 내의 유일한 소수인종이었던 것이다. 헬렌은 기만당했다는 느낌을 떨쳐버릴 수 없었고, 안정을 구하며 어려운 시간을 보냈다. 적응하는 데 필요한 힘든 시기였고, 첫해에는 자주 눈물을 흘려야 했다. 그런데도 그 시기를 참고 견뎌 우등생으로 졸업했다. 돌이켜보면 좋은 대학 생활을 경험했지만 좀 더 다양한 인종의 학생들이 있는 학교를 다녔더라면 훨씬 행복했을 것이다. 헬렌의 졸업식에 참석하러 가는 길에 어떻게 찾아야 하느냐고 물었더니 헬렌이 웃으며 대답했다.

"그냥 캠퍼스를 죽 둘러보기만 해도 절 찾을 수 있을 거예요."

학교에 속지 않으려면 1

- 긍정적인 학교 이미지를 위해 홍보 전문가를 일부러 고용하는 곳도 있다. 빈약한 속내를 감추기 위해 일부러 화려한 모습을 보여주는 것은 아닌지 조심하자.

- 학교의 홍보 책자는 거짓말을 하는 경우가 많다. 직접 방문해서 세심하게 관찰해야 나중에 후회할 일이 없을 것이다.

- 견학 등 학교 외부 활동 때 그들이 어떻게 준비하는지 눈여겨보자. 아이들을 안전하고 편안하게 인솔하는지는 꼭 확인해야 한다.

뛰어오르기 전에 보라

다시 《호밀밭의 파수꾼》을 살펴보자. 홀든은 프렙 스쿨에 대해 우리에게 경고하며 잡지에서 종종 보았던 펜시 고등학교 홍보 글을 얘기한다.

그들은 대략 1000여 개의 잡지에 항상 울타리를 뛰어넘는 말 위에 올라 탄 어떤 젠체하는 사내를 보여주며 광고한다. 마치 펜시 고등학교에서 자주 폴로를 쳤다는 듯이 말이다. 하지만 학교 근처 어디에서도 말 한 마리 본 적이 없다. 그리고 말 위에 탄 사내의 사진 밑에는 항상 이렇게 쓰여 있다.
"1888년 이래 우리는 소년을 멋지고 분명한 생각을 가진 젊은이로 만들어 왔습니다."
어림 반푼어치도 없는 소리다. 펜시 고등학교가 다른 학교보다 조금이라도 나은 그 빌어먹을 가르침이란 걸 준 적은 한 번도 없다. 나는 펜시 고등학교에서 멋지고 분명한 생각을 지닌 사람은 한 명도 보지 못했다.

홀든이 가장 객관적인 서술자라고 말할 순 없을지 몰라도 겉으로 비치는 사립학교의 모습과 실상이라는 문제를 꼬집은 것만은 분명하다. 아이의 책가방에 올바른 도구를 넣어준다면 위대한 일을 이루는 데 도움이 되는 것은 물론이고, 우리의 철학을 공유하는 학교에 아이를 보내는 데도 도움이 될 것이다. 홀든의 경고를 절대 잊지 말자. 그리고 학교를 선택할 때는 꼭 다음과 같은 사항을 고려하기 바란다.

- 만약 학교가 시험 점수만 대대적으로 선전한다면 성적 외의 다른 면

에서도 자부심을 갖는 학교를 찾는 게 좋다.

- 규모는 중요한 문제다. 교실에 앉아 자녀가 세심한 관심과 주의를 받을 수 있을지 알아보라.

- 학교에서 학부모를 위해 계획하고 주최하는 행사의 날이 아닌 다른 날에 학교를 방문하라. 가능하다면 실례가 되지 않는 범위 내에서 미리 알리지 말고 가라. 훌륭한 학교는 방문객이 있을 때나 없을 때나 최고의 상태로 운영된다.

- 광고 선전물과 연간 보고서를 읽을 때는 건전한 냉소주의를 잃지 마라. 그것들은 바로 그 학교에서 돈을 받는 사람들이 만들기 때문이다.

- 교사 중에 나이 든 사람을 찾아보라. 새로 생긴 차터 스쿨은 대부분 3~4년 미만의 짧은 경력을 가진 교사로 구성된다. 만약 수술을 받아야 한다면 1년차 외과 의사를 선호하겠는가, 아니면 10년의 집도 경험을 가진 의사를 선호하겠는가? 훌륭한 학교라면 젊은 교사와 나이 든 교사가 적절하게 구성되어 있다.

- 되도록 다양한 경로를 통해 학교에 대한 정보를 모으라. 당연히 학교 측과도 얘기해야 하지만 학교를 정확하게 알기 위해서는 그 학교에 다니는 학생과 학부모를 찾아보는 게 좋다. 행복한 교사, 행복한 학생, 행복한 학부모의 조합이 특별한 곳을 찾았다는 신호다.

- 대학 진학 계획을 세울 때는 꼭 유명 학교여야 한다는 생각을 버려라. '최고 대학'이라는 목록을 신이 보낸 메시지처럼 받아들이지 마라. 이런 목록을 만드는 사람은 우리 아이에 대해 전혀 모른다. 하버드 대학이 최고 대학으로 꼽힐지는 모르지만 과연 우리 아이에게도 최고 대학일까? 학생 개인에 따라서는 프레즈노 주립대학이 훨씬 더 좋은 선택일 수도 있다.

- 대학을 방문할 때는 학기 중에 가보도록 하라. 학교에서 주도하는 많은 대학 탐방 여행이 봄방학이나 여름방학 기간에 이루어진다. 이 시

기에는 학교가 평상시처럼 운영되지 않는다.

- 다음은 공식적인 대학 탐방 여행에서 지속적으로 듣게 될 세 가지 이야기다. 학교가 이 이야기를 할 때 사실을 가지고 뒷받침할 수 있는지 확인하라.

  - "우리는 다양성을 믿습니다." 그 믿음이 현실에 적용되고 있는지 캠퍼스를 둘러보며 확인하라. 탐방 가이드가 학교의 다양한 학생 조직에 대해 소리 높여 선전하는 소리만 들어도 캠퍼스를 돌아다니는 것이 스웨덴 거리를 헤매는 것처럼 느껴질 수 있다.

  - "우리 학교에는 사교 클럽이 거의 없습니다." 자녀가 사교 클럽에 가입하길 원하든 원하지 않든 사실을 확인하라. 사교 클럽이 없는 줄 알고 선택한 대학이 '동물농장' 같은 곳일 수도 있다.

  - "우리 대학은 전적으로 안전합니다." 가이드가 탐방을 마무리하면서 파란 불꽃을 번쩍이는 경비 시스템과 교내 규찰대에 대해 이야기하기도 한다. 대부분 캠퍼스는 지역에서 발생하는 사회문제를 그대로 반영한다. 하지만 캠퍼스가 전적으로 안전하다면 경비가 왜 있겠는가? 자녀와 함께 현실을 직시하고 이 문제에 대해 진지하게 논의하라. 입학 담당자에게 범죄 통계를 물어보고 자녀가 편안하게 공부할 수 있는 수준인지 이야기하라.

대학에 들어가기 전에 보는 영화

대학에 들어갈 시기가 된 아들딸에게 훌륭한 교육에 관해 훌륭한 이야기를 들려주는 영화를 찾아주기란 쉬운 일이 아니다. 대학 생활을 소재로 한 영화는 많지만 대부분이 술을 마시거나, 임신을 하거나, 체포되거나, 또는 이 세 가지를 한꺼번에 저지르는 데 초점을 맞추고 있기 때문이다. 하지만 〈올드 스쿨Old School〉과 같은 유쾌한 영화에서도 우리는 교훈을 찾을 수 있다. 1978년 작 고전 〈동물농장National Lampoon's Animal House〉

을 인용하면, 딘 워머가 젊은 사교 클럽 서약자 플라운더에게 훈계하는 배꼽 잡는 장면에서 한 말이 적절할 것 같다.

"뚱보, 주정뱅이, 얼간이는 절대 인생을 헤쳐 나가지 못한다네."

웃음이 진정됐다면 우리 아이들이 뛰어난 사람이 되려는 초점을 잃지 않으면서 약간의 어리석음을 보고 즐길 수 있기를 희망하자. 자녀와 함께 보면 좋은데도 잘 알려지지 않아 지나치기 쉬운 영화로 제임스 브리지스James Bridges 감독의 1973년 작 〈하버드 대학의 공부벌레들The Paper Chase〉이 있다. 존 하우스만John Houseman은 하버드 법대 교수 킹스필드로 분해 명연기를 펼쳐 보였다. 티머시 바톰즈Timothy Bottoms는 가슴 아픈 사랑, 강도 높은 학업, 친구들과의 경쟁, 영리한 교수의 괴롭힘을 견딘 하트라는 인물을 연기했다. 결말에서 하트는 무엇보다 큰 승리를 얻는다. 자기 자신을 발견하고 자신의 신념을 충실하게 지켰던 것이다. 앞으로 대학에 다닐 모든 아이의 목표도 그러할 것이다.

중요한 것은 흔들리지 않는 중심 잡기

다저스가 주자를 내보냈지만 점수를 얻는 데는 실패해 여전히 두 점을 뒤지고 있었다. 카디널스 선수들이 더그아웃으로 들어오자, 거대한 스크린은 끼익 소리를 내는 자동차 애니메이션으로 채워졌고, 시끄러운 소리에 아이들은 서로의 이야기를 듣기 위해 바짝 다가앉아야 했다. 아이들은 중학교와 자신들의 미래에 대해 다시 토론을 벌이고 있었다.

8회가 시작되었을 때 우리 구역에는 사실상 우리밖에 남아 있지 않았다. 몇 회가 지나는 동안 나는 술에 취한 사람들과 싸우면서 기분이 조

학교에 속지 않으려면 2

- 학급당 학생 수가 우리 아이가 세심한 관심을 받을 수 있을 만큼인지 확인하라.

- 방학 중 학교 탐방 때가 아니라 불시에 학교를 둘러봐야 제대로 알 수 있다.

- 젊은 교사와 나이 든 교사가 적절하게 구성되어 있는지 살펴보라.

- 그 학교에 다니는 학생과 학부모의 의견을 들어보는 것도 좋다.

- '최고의 학교'는 학생 개인마다 다를 수 있음을 기억하자.

금 가라앉아 있었다. 사실을 직면하자. 천박하고 비열한 인간이 가득한 세상에서 명예와 고결함을 아는 아이들로 키우기란 힘든 일이다. 기분 전환이 필요하겠다는 생각에 이르자 잠시 숨을 고르고 언제나 가지고 다니는 서류 가방에 손을 뻗었다. 야구 경기 막간이라도 조금만 여유가 생기면 답안지 채점을 하는 게 교사다. 아이들이 《파리 대왕Lord of the Flies》에 대해 쓴 독후감을 읽어보다가 그날 엘리자베스에게서 받은 편지를 꺼냈다. 엘리자베스는 이전에 가르쳤던 학생인데, 지금은 아이비리그 대학 4학년에 다니고 있다. 그녀가 대학에서 열심히 공부하면서 잘해 나가고 있다는 소식에 나는 행복했다. 엘리자베스의 편지 중에서, 지금의 교육 방침과 걱정이 과연 가치 있는지 의심이 들기 시작하는 학부모에게 좋은 자극이 될 내용이 있어 소개한다. 엘리자베스가 말하듯 그 모든 일에는 언제나 가치가 있다.

레이프 선생님, 안녕하세요!
…… 드디어 마지막 학년이 되었어요. 도무지 실감이 나질 않아요. 지금까지 먼 길을 왔고 앞으로 가야 할 길도 멀지만, 개인적으로 발전하면서 정말 재미있는 경험을 했어요. 4학년 때 선생님과 사모님이 저를 응원해 주지 않았다면 저는 지금 이 자리에 없을 거예요. 수학 수업, 문학 작품을 읽던 시간, SAT 대비 시간, 체육 시간 하나하나를 모두 되돌아 보았어요. 그 수업들은 정말 큰 도움이 되었어요. 그땐 너무 재미있어서 수업 시간만을 기다렸지요. 이제 졸업이 코앞이고 새로운 삶이 기다리고 있는데 앞으로 무슨 일이 일어날지 조금은 두려워요. 기타 악보를 익히던 일이나 여기저기 돌아다니던 일까지 선생님 반에서 배웠던 인생 수업이 없었다면 전 이미 무너졌을지도 몰라요.
지금은 그저 추억에 젖어 있는 건지 모르겠지만 선생님과 함께했던 그 모든 시간이 여전히 기억에 생생한 걸 보면, 제가 엄청난 영향을 받은 건 분명하다는 걸 선생님이 아셨으면 좋겠어요.

이 편지가 나의 기분 전환에 필요한 약이었다. 아이들을 가르칠 때는 항상 예상하지 못한 걸림돌에 부딪히기 마련이다. 나는 완벽하지 않고 그건 누구나 마찬가지다. 하지만 아이와 부모와 교사에게 가장 중요한 것은 초점을 잃지 않는 것이다. 엘리자베스에게서 온 편지가 바로 내가 초점을 잃지 않도록 붙잡아주었다.

아직까지도 다음 해에 어느 학교를 선택할지에 대해 대화하고 있는 아이들을 훑어보았다. 어느 학교에 다니게 되든 그것은 결국 각자의 고귀한 길이 될 것이라고 상기시켰다. 마크 트웨인의 말을 아이들에게 들려주었다.

"학교가 내 교육을 방해하면 가만있지 않겠다."

아이들은 진심으로 웃음을 터트렸다. 아이들의 웃는 얼굴을 보면서 나는 어쩌면, 정말이지 어쩌면, 앞으로 13년 동안은 더 멋진 편지를 받게 되지 않을까 생각했다.

9회

Ninth Inning

긴 안목을 얻는 습관

비전

아이를 가르칠 때 '속성 교육'이라는 게 과연 가능할까.
패스트푸드 사회에 익숙한 우리는 아이에게도 은연중에 '속도'를 주지시킨다.
아이들은 좋은 것을 만들려면 반드시 시간과 인내가 필요하다는 것을 알아야 한다.
우리가 아이의 책가방에 마지막으로 넣어줘야 할 것은 '기다림에서 비롯된 기쁨'이다.

카디널스가 계속 7 대 5로 이기고 있었다. 우리 모두에게 얼마나 긴 하루였는지 모르겠다. 학교 정규 수업이 시작되기 전에 수학 보충 수업을 하려고 교실에 앉았던 때가 불과 열여섯 시간 전이었다는 게 믿기지 않았다. 지금 야구 경기를 보는 이 아이들은 오늘 1500미터 달리기를 했고, 야구를 했고, 남아메리카 지리에 대해 배웠고, 정수를 공부했고, 《앵무새 죽이기》를 읽었고, 침식 작용을 시험하기 위해 탁자에 시냇물 모형을 만들었고, 고전 음악과 록 음악을 연주했고, 셰익스피어 연극을 연습했다. 다저스 구장에서 야간 경기가 시작되기 전 낮 시간에 이 모든 일을 한 것이다.

아이들은 카디널스 팀을 보았고, 나는 아이들을 보았다. 아이들은 카디널스 쪽에서 점수를 더 낼까 봐 걱정하고 있었고, 나는 아이들의 미래를 걱정하고 있었다. 매년 연말 철저한 시험으로 성공과 실패를 결정짓는 학교 제도 안에서 자라고 있기 때문이다. 기계적인 암기력을 묻는 문제와 의미 없는 선택형 문제가 상황 대처 능력과 의사 결정 능력을 평가해 왔다. 인격을 가르치는 문제는 사라진 지 오래다. 이런 슬픈 현실을 생각하니 오스카 와일드Oscar Wilde의 훌륭한 한마디가 떠올랐다.

"우리는 사람들에게 암기하는 법을 가르친다. 성장하는 법은 결코 가르치지 않는다."

우리는 아이들이 성장하도록 도와야 한다. 앞으로 몇 년 동안 엄청난 장애물에 부딪히고 수많은 함정에 빠질 것이다. 다행인 것은 아이들이 그런 도전과 대면할 준비가 잘 되어 있다는 것이다. 아이들은 시간의 중요성을 배웠고, 의사 결정을 위한 훈련도 받았으며, 이기적이지 않고 겸손할 줄 알며, 텔레비전에 중독되기보다는 책을 읽고, 스스로에게 높은 기준을 설정하며, 셰익스피어가 글을 쓰듯 거리를 청소하는 마음을 지니고 있다. 필요한 게 준비성이라면 이 아이들은 이미 출발할 채비를 갖추었다.

이렇게 놀라운 능력을 가지고 있는데도 성공은 아이들의 손에 쉽게 잡히지 않는다. 아이들의 가방에는 앞으로 맞닥뜨릴 장애물을 뛰어넘는 데 도움이 되는 또 다른 도구들을 얼마든지 더 넣을 수 있다.

아이에게 줄 수 있는 마지막 선물은 '지연된 기쁨'을 이해하도록 하는 것이다. 우리의 패스트푸드 사회는 모든 일을 더 효율적으로 처리하려는 노력 속에서 빠른 속도만을 중요하게 여긴다. 인스턴트커피에서 3일 만에 살을 빼는 다이어트 프로그램까지 아이들을 둘러싼 수많은 방해 요소가 좋은 것을 만드는 데는 시간과 인내가 필요하다는 이해를 가로막고 있다.

매년 열리는 오리건 셰익스피어 축제 여행을 위해 지난주에 보드게임을 구입하려고 상점에 들렀다. 아이들은 호텔 방에서 쉬면서 보드게임을 가지고 노는 걸 좋아한다. 스크래블이나 모노폴리Monopoly처럼 아이들이 즐길 만한 게임을 염두에 두고 가게에 들어갔다. 그런데 모노폴리를 구입하려다 어이없는 웃음을 터뜨리고 말았다. 모노폴리의 오리지널 버전을 찾을 수 없었던 것이다. 스타워즈 모노폴리에서 비벌리힐스 모노폴리에 이르기까지 수십 가지 테마를 이용한 모노폴리가 있었지만, 정작 오래된 오리지널 모노폴리는 없었다. 특히 흥미로웠던 것은 몇몇 새로운 버전의 경우 게임을 더 빨리 끝낼 수 있도록 '속도감'을 추가했다고 광고하고 있다는 사실이었다. 아이들에게는 정말 부정적인 메시지가 아닐 수 없다. 어떤 일에는 시간이 필요하다. 원래의 모노폴리는 게임을 끝내는 데 몇 시간씩 걸리기도 하는데, 그저 승자를 가리려고 후닥닥 게임을 해치우는 것보다는 그렇게 오랜 시간 공을 들이는 것이 더 만족스러운 경험이 될 수 있다. 게임을 하는 '과정'이 재미있는 것이 아닌가? 게임에서 졌을지라도 중요한 것은 그 과정에서 느끼는 재미와 즐거움이 아니겠는가?

두 개의 마시멜로를 가진 아이로 키우기

스탠퍼드 대학의 월터 미첼Walter Michel 교수가 쓴 '충동 조절과 지연된 기쁨'에 대한 연구문은 많은 책에서 인용되었는데, 아이들에게 들려주기에도 더없이 좋은 이야기다. 네 살짜리 아이들을 어떤 방에 데려다 놓고 마시멜로를 주면서 어른이 돌아올 때까지 기다리라고 말한다. 기다리는 동안 마시멜로를 먹어도 되지만 먹지 않고 기다리면 마시멜로를 두 개 받게 될 것이라고 얘기한다.

이 아이들을 거울을 통해 관찰한 결과, 몇몇은 어른이 나간 즉시 들고 있던 마시멜로를 먹어 치운 반면, 다른 아이들은 어른이 돌아올 때까지 20분을 기다렸다. 14년이 흐른 뒤 다시 실시한 연구에서는 두 개의 마시멜로를 얻기 위해 기다렸던 아이들이 대학 입학시험에서 대체로 더 좋은 결과를 보인 것으로 나타났다. 전반적으로 봤을 때 어른이 돌아오길 기다린 아이들은 행복·성공과 관련된 광범위한 성격에서 더 뛰어난 정서적 사고력을 보였다. 이 실험에 대한 이야기는, 삶은 긴 과정이며 지금 우리가 하는 일은 앞으로 전개될 미래의 모습에 막대한 영향을 끼칠 수 있다는 것을 이해시키는 데 효과적이다. 우리는 아이들이 '두 개의 마시멜로를 가진 아이'가 되도록 격려해야 한다.

이것은 굉장히 어려운 과제다. 우리는 아이가 훌륭한 사람이 되길 바라지만 아이가 꿈꾸는 모습이 우리의 바람과 똑같을 수는 없다. 열 살 먹은 아이가 5개년 계획을 세우지는 못할 것이다. 그런 시간의 경과를 평가할 만큼 충분히 오래 살지 않았기 때문이다. 하지만 마시멜로 이야기로 씨앗을 뿌리고 그 씨앗이 자라 꽃을 피울 수 있게 돕는다면 당장의 욕구를 참고 더 큰 보상을 기다리는 지혜를 깨달을 수 있을 것이다.

카디널스는 기다려주지 않았다. 9회 초에 승리를 굳히는 1점을 추가해 8 대 5로 앞서 나갔다. 그러자 모세와 이스라엘 사람들이 홍해로 갔던 사건에 비교할 만한 엄청난 인파가 주차장으로 대거 이동했다. 주말의 시작점에서 사람들은 교통 체증에 걸리지 않고 바비큐 파티를 시작하길 원했다.

우리는 자리를 지켰다. 아이들은 시작한 일은 끝까지 해내야 한다는 걸 배워야 했다. 교통 체증을 비롯한 다른 문제는 그다음이었다. 경기장을 떠나지 않고 끝까지 지켜보는 것도 지연된 기쁨에 속한다. 게다가 다저스는 아직 동점을 만들거나 이길 기회를 한 번 더 갖고 있었다. 상황이 유리하지 않았지만 경기를 끝까지 관람하는 데서 얻는 교훈이 경기 자체보다 훨씬 중요했다. 그러나 이것이 아니더라도 경기장을 떠나는 것은 힘들었을 것이다. 이 시점에서 아이들을 자리에서 끌어내는 것은 코끼리가 와도 불가능했을 것이다. 양 팀의 두뇌 싸움과 중간중간 연출

되는 멋진 장면에 흠뻑 빠진 아이들은 경기에 너무 몰입해 다른 어떤 곳에도 가고 싶어 하지 않았다. 세자르는 다저스가 이기는 것보다 동점을 만들기를 원했다. 동점을 만들어야 연장전에 들어갈 것이고 우리가 조금이라도 더 머무를 수 있다는 것이었다. 이제 보니 여기 두 개의 마시멜로를 가진 아이가 있었다.

가방 속 마시멜로

결국 경기가 끝날 때까지 기다리자는 것은 매우 좋은 생각이었다. 다저스가 1점이라도 얻기 위해 대타를 내보내고 집중력을 발휘한 덕에 만루를 만들었다. 그리고 카디널스가 투수를 세 번이나 교체하면서 경기가 몇 차례 지연되었다. 아이들은 꼬리에 꼬리를 물고 주차장을 빠져나가는 자동차 행렬을 보면서 최고의 순간을 놓치는 사람들에 대해 이야기했다. 그레이엄 내시Graham Nash가 '아이에게 가르치라Teach Your Children'라는 노래에서 썼듯이, 아이들이 "자신이 맞추어 살아갈 규범"을 세우면서 "진정한 자아를 찾아가는" 모습을 지켜보는 일은 감격적이다. 여기서는 지연된 기쁨과 관련해서 자녀를 키우는 데 도움이 될 만한 몇 가지 방법을 제안한다.

장기적인 프로젝트

아이는 인생이 단거리 달리기가 아니라 마라톤이라는 것을 배워야 한다. 그러기 위해서 장기적인 프로젝트에 참가하는 것도 아이에게 건설적인 일이 될 수 있다. 프로젝트를 완수해 가면서 과정이 결과보다 훨씬

더 많은 마시멜로를 위하여

더 나은 결과를 위해 기다릴 줄 아는 아이는 행복·성공과 관련된 광범위한 성격에서 뛰어난 정서적 사고력을 보인다. 아이들은 삶은 긴 과정이며 지금 우리가 하는 일은 앞으로 전개될 미래의 모습에 막대한 영향을 끼칠 수 있다는 것을 이해해야 한다.

더 중요하다는 것을 깨달을 수 있기 때문이다. 돈 헨리Don Henley가 노래한 것처럼, "누가 멀리 갈 수 있을지 결국 우리는 알게 될 것이다".

퍼즐로 배우는 인내심

직소퍼즐이 아이들의 삶에서 사라진 지 오래다. 하지만 침실이나 가족 식탁에 놓여 있는 직소퍼즐은 언제나 놀라움을 준다. 직소퍼즐은 다양한 난이도로 만들어지기 때문에 유치원 아이부터 고등학생까지 모두가 즐길 수 있다. 어려운 직소퍼즐은 완전히 해결하는 데 몇 달씩 걸리기도 하며, 각 부분을 분류하고 계획하며 실행하는 과정이 필요할 때도 있다. 미국 국회의사당이나 프랑스 에펠탑처럼 유명한 건축물을 담은 고난도 3차원 퍼즐도 있다. 퍼즐 내용을 세심하게 선택할 경우 아이의 집중력과 인내력을 키우는 동시에 이 세상에 실재하는 사물과 아이를 연결시킬 수도 있다. 가족이 함께 퍼즐을 맞춘다면 텔레비전에서 심심찮게 떠들어대는 가족 간의 대화 부족 문제를 해결할 수도 있을 것이다.

인터넷에서 자녀에게 알맞은 퍼즐을 쉽게 찾을 수 있다. 재미있고 교육적인 직소퍼즐을 다양하게 제공하는 사이트로는 www.puzzles.com, www.seriouspuzzles.com 등을 들 수 있다. 역사나 예술 또는 스포츠를 가르치는 데 도움이 되는 퍼즐도 있다. 또 진지한 애호가를 위해 만들어진 수준 높은 퍼즐은 2만 개가 넘는 조각으로 이루어져 있기도 하다. 직소퍼즐은 비벌리힐스 모노폴리에 대한 만족스러운 해독제를 제공할 것이다.

실과 관련된 놀이

지연된 기쁨을 가르치는 또 다른 프로젝트는 실과 관련이 있다. 요즘은 무언가를 직접 만들 줄 아는 아이가 별로 없다. 뜨개질이나 자수 같은 손재주는 이제 거의 사라지고 있는 재능이다. 이런 어려운 기술을 익히기 전에 래치훅러그Latch Hook Rug(격자무늬 원판에 짧은 실을 하나씩 엮어 깔개 등을 만드는 기술로, 속칭 '스킬'이라고 한다_옮긴이) 같은 간단한 작품을 만들어보는 것도 더 큰 성과를 위해서는 기다림이 필요하다는 사실을 재미있게 이해하고 받아들이는 데 도움이 되는 활동이다.

우리 반은 미술 용품 가게에서 래치훅러그를 만드는 도구와 재료를 샀지만, www.caron.com, www.marymaxim.com 같은 온라인 사이트에서도 온갖 종류의 용품을 구입할 수 있다. 이런 도구로 래치훅러그를 완성하는 작업은 예술품을 창조하는 것이 아니라 단순히 패턴을 따라가는 것이다. 하지만 아이들은 한 땀 한 땀 실을 꿰면서 장기적인 프로젝트에 임하는 자세를 배우게 된다. 스탠퍼드 대학 교수의 마시멜로 연구가 지적하듯이 이것은 아이에게 가르쳐야 할 중요한 기술이다. 래치훅러그 만들기 세트에는 미리 잘라진 뜨개실이 들어 있는데, 우리 반은 샌드위치 봉지를 이용해 수천 개의 색실을 분류했다. 이런 방법으로 깔개를 만드는 아이는 재미를 누리면서도 색의 구별과 편성을 배울 수 있다.

결국 아이는 연필이나 컴퓨터로 자기만의 패턴을 만들어 독창적인 래치훅러그를 디자인할 수 있게 된다. 뜨개실을 이용한 활동은 결국 털실 뜨개질이나 코바늘 뜨개질로 이어지는데, 이 모든 활동이 아이가 완성된 결과물에 기쁨을 느끼게 만든다. 아이들은 터널 끝에 있는 빛을 고대한다. 그 빛을 보려면 1만여 개의 실을 느릿느릿 꿰어야 할지라도 말이다.

친절한 정원

학교와 가정에서 아이들을 데리고 정원을 가꾸는 경우가 많은데, 여기에는 충분한 이유가 있다. 정원은 환경, 영양, 계획, 그리고 지연된 기쁨에 대해 가르칠 수 있다. 모노폴리가 속도 게임이 된 이 세상에서 정원 가꾸기는 자라는 아이에게 꼭 필요한 활동이다.

몇몇 대학에서는 정원 가꾸기가 아이에게 미칠 수 있는 긍정적인 영향을 연구했다. 어떤 식물은 건강에 도움이 되고, 어떤 식물은 긴장을 푸는 데 도움이 된다. 깨어 있는 시간의 대부분을 교실에서 정형화된 시험을 대비하며 보내는 아이들에게 정원 가꾸기는 스트레스를 줄이고 재미를 느끼며 배움을 얻을 수 있는 기회가 된다. 여기에 따라오는 보너스는 아이들을 자연 세계와 연결시킬 수 있다는 것이다. 텔레비전 앞에서 보내는 시간이 많아지면서 이런 일은 점점 더 희귀한 것이 되어가고 있다. 정원 가꾸기는 자연의 놀라운 과정을 체계적으로 이해할 수 있게 돕고, 진정한 아름다움과 위대함은 끈질긴 노력과 지속적인 관심 속에서 만들어진다는 것을 훌륭한 은유로 보여준다. 온 나라가 녹색 운동을 외치는 이때 정원 가꾸기는 삶의 한 방식을 시작하는 출발점이 될 수 있다.

정원을 가꾸는 것은 부모가 자녀의 학교 교육에 참여할 수 있는 훌륭한 방법이 되기도 한다. 학생들과 함께 꽃을 심고 나무를 키우는 것을 너무 좋아하지만 시간적 압박과 산만한 아이들 때문에 포기하고 마는 좋은 교사가 많이 있다. 이런 교사에게 손을 조금만 빌려준다면 정원 활동이 현실이 될 수 있다. 교사가 미처 제대로 처리하지 못한 일을 하는 동안 학부모가 빈자리를 보완하는 것이다. 학급에 정원이 있으면 그와 연관된 모든 사람들의 하루가 더 나아진다.

정원 프로젝트를 시작할 때 아이디어를 얻기 좋은 사이트로는 www.kidsgardening.org가 있다.

두 개의 마시멜로를 위한 책

요즘에는 20~30년 전만큼 생텍쥐페리Antoine de Saint-Exupéry의 《어린왕자Le Petit Prince》가 아이들에게 많이 읽히지 않는 것 같다. 내가 초창기에 가르쳤던 학생들은 초등학교를 마칠 때쯤 《어린왕자》를 다 읽었다. 요즘에는 《어린왕자》를 가져가면 처음 접한 아이들이 많다. 이 책은 모든 가정에서 읽어야 한다. 이 책이 주는 놀라운 교훈은 어른과 아이 모두에게 유익하다.

23장에는 눈앞의 행복보다 더 위대한 무언가를 끈질기게 기다렸을 때의 보람을 아이에게 깨우쳐 주기 좋은 내용이 실려 있다. 어린왕자는 사막을 헤매다가 한 상인을 만난다. 그 남자는 물을 전혀 마실 필요가 없도록 갈증을 해소해 주는 알약을 팔고 있었다. 일주일에 한 알만 먹으면 된다고 했다. 상인은 한 사람이 알약 하나를 먹으면 일주일에 53분을 절약할 수 있다는 새로운 연구 결과가 나왔다고 설명했다. 이 말을 곰곰이 생각한 어린왕자는 마음속으로 이렇게 말했다.

'만약 53분을 내 마음대로 쓸 수 있다면 나는 서두르지 않고 신선한 물이 흐르는 샘으로 걸어갈 거야.'

정말 멋진 말이다!

희곡 연습의 땀방울

매년 56호 교실 아이들은 셰익스피어 희곡 전체를 줄이지 않고 공연한다. 나는 셰익스피어 희곡을 정말 좋아하지만, 희곡은 그보다 훨씬 중요한 교훈을 가르치는 매개체일 뿐이다. 셰익스피어 희곡은 내가 교육에 활용하기에 더없이 좋은 완벽한 도구다. 하지만 꼭 셰익스피어 희곡이 아니라도 그만큼의 훌륭한 교훈을 얻을 수 있는 프로젝트는 얼마든지 있다.

희곡 연습은 모두 지연된 기쁨과 관련된다. 아이들은 연극을 무대에 올리기 위해 1년을 준비하는데, 이는 의도적인 것이다. 연극을 준비하는 데 반드시 그렇게 긴 시간이 걸리는 것은 아니다. 연습 일정을 이렇게 계획한 것은, 연극이 만들어지는 과정을 몸소 체험하고 공연을 위한 수천 번의 연습에 비하면 무대에 올리는 최종 결과물은 훨씬 가치가 덜하다는 걸 깨닫게 하기 위해서다. 일반인에게 작품을 공개하기 전 56호 교실 학생들은 대략 '5만 시간'을 연극을 준비하는 데 보낸다. 과장이 아니다. 교실에서 보내는 시간과 집에서 대사와 악기를 연습하면서 보내는 시간을 감안하면 그런 상상을 초월한 수치가 나온다.

아이들은 셰익스피어 연극 연습을 정말 좋아한다. 하지만 무엇보다 큰 기쁨은 시간이 지나면서 실력이 점점 향상된다는 것, 그리고 친구들과 함께 그 결과를 누린다는 것이다. 아이들은 매년 7월 그해 공연을 위해 선택한 희곡의 요약본을 보면서 연습을 시작한다. 그리고 작품을 각색한 영화를 보고 CD를 들으면서 몇 달을 보낸다. 마침내 각자에게 역할이 주어지고 악기 연습, 안무 연습, 무대 설치, 음향과 조명 설계가 이어진다. 하루도 똑같은 날이 없으며 매번 치르는 연습은 늘 이전 연습보다 향상되어 있다. 아이들은 연습하면서 점점 성장하는 서로의 모습을 본다.

중요한 점은, 관객 앞에서 공연하는 기쁨을 지연시키는 법을 배우는 과정에서 보상을 기다리는 과정도 행복이라는 사실을 발견하게 된다는 것이다. 어느 순간 결국 희열은 기다려야 하는 무언가가 아니라 바로 그들 앞에 있게 된다.

모든 것이 속도전이 되는 요즘 같은 시대에는 조금 더 천천히 가는 법을 생각해 봐야 할지도 모른다. 집에서 이런저런 프로젝트를 수행하는 데, 연극을 제작하는 데, 음악회를 준비하는 데, 학교 벽화를 그리는 데 여러분의 시간을 더 들이자. 처음 시작할 때는 그 끝을 알 수 없는 프로젝트에 아이를 참여시키자. 빠른 성공을 찾아 헤매는 것은 충분히 이해할 만하다. 시험 점수와 등급도 마찬가지다. 하지만 아이가 교실과 가정을 떠난 뒤에도 오랫동안 성공적인 사람으로 남을 수 있으려면 다른 도전이 필요하다. 우리 어른이 자신의 기쁨을 지연시킬 수 있고 아이에게도 기쁨을 지연시킬 수 있게 가르친다면, 무지개 끝에 있는 황금 항아리는 더 이상 동화 속 이야기만은 아닐 것이다.

인내심 있는 아이로 키우는 법

- 가족이 다 함께 여러 가지 퍼즐 놀이를 즐겨보자. 아이의 집중력과 인내심이 길러지는 동시에 가족 간의 대화 부족 문제도 해결할 수 있다.

- '실'로 하는 취미를 갖게 하자. 뜨개질이나 자수는 한 땀 한 땀 오랜 시간 집중해야 하므로 아이가 장기적인 프로젝트를 하는 데 도움을 준다.

- 아이가 정원을 가꿀 수 있게 도와준다. 진정한 아름다움은 지속적인 노력을 통해서 이루어진다는 것을 느끼게 해주며, 자연친화적인 아이로 키울 수 있다.

- 어린왕자를 비롯해 결과보다 과정을 중시한 주인공을 만날 수 있는 책을 읽히자.

- 연극에 참여시키자. 수천 번의 연습 기간 동안 얻는 게 공연 당일 얻는 결과물보다 더 소중하다는 걸 알게 될 것이다.

똑같은 조립 라인을 벗어난 아이들

다저스가 승리의 기회를 잡으면서 9회가 아주 흥미진진했지만 아쉽게도 만루를 득점으로 연결하지 못해 지고 말았다. 오늘 밤은 카디널스가 약간 더 나은 모습을 보였다. 아이들은 양 팀 모두에 박수를 보냈다.

나는 오늘 경기가 가르쳐준 여러 가지 교훈이 앞으로도 쭉 아이들의 가슴속에 남아 있길 바랐다. 보장할 수 있는 건 없다. 하지만 매일 최선을 다한다면 이 세상이 조장하는, 도저히 피할 수 없을 것 같은 하향 평준화에서 벗어날 수 있을 것이다. 세상 곳곳에서는 수많은 사람들이 불평등을 알고 여기에 맞서 올바른 싸움을 계속하고 있다. 아이를 키워본 사람이라면 불평등을 타파하고 도전을 받아들이며 매일 반복되는 똑같은 조립 라인을 벗어난 인물들의 이야기를 잘 알 것이다.

우리 학생들은 그 같은 인물을 만나는 축복도 받았다. 그중 몇 사람은 한때 56호 교실이라 불리는 작고 초라한 교실에 앉았으나 그곳에서 높이 날아올랐다. 그렇게 날아오른 수많은 아이들이 가족 중 처음으로 대학을 졸업한 사람이 되었고, 환경 과학자가 되었으며, 물리학자가 되었고, 기자가 되었다. 그리고 역시 특별한 아이들답게 모든 것이 처음 시작된 교실로 돌아와 어린 친구들이 자신의 발자취를 밟아갈 수 있도록 돕고 있다.

조앤이라는 이름의 소녀가 노스웨스턴 대학 입학 논술로 어린 시절에 대한 글을 썼다. 조앤의 어린 시절 이야기에서 아이들은 자신들을 기다리는 가능성을 볼 수 있을 것이다. 조앤은 지금 음악 박사 과정을 밟고 있다. 그녀는 자신의 글에서 등급이나 시험 점수에 대해서는 전혀 언급하지 않았다. 그 대신 중요한 문제에 초점을 맞추었다. 조앤은 56호 교실에서 배운 가장 중요한 가르침을 이렇게 요약했다.

생각하라고 독려하는 목소리가 있었습니다.

평범한 것을 멀리하라는 과제가 주어졌습니다.

그래서 그렇게 했습니다.

우리 아이들이 그 도전을 받아들일지는 시간이 말해줄 것이다. 하지만 그들에게 내어줄 시간이 있는 한 그 시간은 제대로 쓰일 것이다.

아이들이 차에 올라 집으로 향한 것은 밤 11시가 다 되어서였다. 솔직히 나는 너무 피곤한 나머지 빨리 집에 가서 자고 싶었다.

아이들을 집에 데려다 주는 데는 상당한 시간이 걸렸다. 라디오에서는 그날의 다저스 경기에 대해 방송하고 있었는데, 패배에 실망한 팬들이 비난할 대상을 찾아 감독, 선수, 그리고 머릿속에 떠오른 누군가를 깎아내리자 아이들은 키득거리며 웃었다.

꼬마 교수 진욱이 가장 마지막에 내렸다. 나는 아이가 집으로 들어가는 걸 지켜보다가 창밖으로 나를 보며 고맙다고 미소를 짓는 진욱의 엄마에게 손을 흔들어 주었다.

그때 교실에 아이들의 과제물을 두고 온 게 생각났다. 다행히 그곳에서 우리 학교는 두 블록밖에 떨어져 있지 않았다. 아무튼 전적으로 내 잘못이었다. 연습이 끝난 뒤에 서둘러 아이들을 데리고 나가면서 학교에 남아 있어야 하는 샘이 괜찮은지 확인했다. 그 과정에서 아이들이 제출한 에세이를 챙기는 걸 잊었던 것이다. 나는 아이들에게 화요일에 에세이를 돌려주겠다고 말했다. 학교로 되돌아가는 것은 고통스러웠지만 약속은 약속이었다.

하품을 참으며 불가사리 던지기에 대해 생각했다. 물가로 밀려와 말라가는 수천 개의 불가사리에 둘러싸여 해변에 서 있는 한 남자가 있다. 남자는 불가사리를 하나씩 집어 바닷속으로 던져 넣는다. 지나가던 한 아이가 남자의 행동이 궁금해 묻는다.

아이: 뭘 하고 있는 거예요?

남자: 음, 이 아이들을 구하려는 거지. 죽어가고 있잖니.

아이: (그가 하는 일이 불가능하다는 걸 알고) 글쎄요. 걔네들을 전부 구할
　　　수는 없을 거예요.

남자: (불가사리 하나를 집어 들며) 맞아. 하지만 이거 하나는 구할 수 있지.

　나도 오늘 몇 개의 불가사리를 던졌길 바랐다.

　학교는 잠겨 있었다. 매일 밤 11시에 경보가 설정되기 때문이다. 나
의 친애하는 교장 선생님께서는 나를 믿고 학교 열쇠와 경보 해제 코드
를 맡기셨다. 몇 분이 걸리겠지만 학교에 들어가 경보를 해제할 수 있
을 것 같았다. 경비에게 학교에 왔다고 전화했고, 학교를 나가기 전에
다시 알람을 설정하고 또 전화하겠다고 약속했다. 골치 아픈 상황이었
지만 화요일 아침에 아이들이 과제를 돌려받고 행복해 하는 편이 나을
것이다.

　교실로 가는 계단을 오를 때 무언가에 깜짝 놀랐다. 아래편 어둠 속에
서 어떤 목소리가 들렸던 것이다.

샘　　: 레이프 선생님!

레이프: 세상에! 샘이니? 간 떨어질 뻔했구나.

샘　　: 선생님, 안녕하세요.

레이프: 도대체 여기서 뭘 하고 있었던 게냐? 한밤중인데!

샘   : 엄마가 아직 오시지 않았어요.

레이프: 전화할 사람도 없었니? 도와줄 사람이 없었어?

샘   : 괜찮아요. 선생님이 돌아오실 거라고 생각했어요. 책을 읽고
       있었어요.

바깥에서 56호 교실로 오르는 계단 아래쪽에는 희미한 가로등과 함께 벤치가 하나 있다. 지난 여섯 시간 동안 샘은 그 벤치에 앉아 이탈리아에서 있었던 패튼George Smith Patton과 몽고메리Bernard Law Montgomery의 제2차 세계대전 작전에 대해 읽고 있었다.

레이프: 샘, 내가 돌아온 건 정말 운이 좋았던 거야. 밤새 여기 갇혔을
       수도 있었어.

샘   : 하지만 돌아오셨잖아요.

레이프: 단지 운이 좋아서였다니까!

샘   : 하지만 돌아오셨잖아요.

레이프: (말싸움을 하기엔 너무 지쳐) 내가 집에 데려다 주마.

샘   : 제가 이 구역 바깥에 사는 건 아시죠. 거기 가려면 한참 걸릴
       걸요.

레이프: 괜찮다. 배고프니?

샘   : 조금요.

레이프: 집에 가는 길에 뭘 좀 먹자구나. 여기 내 전화기가 있다. 엄마께

전화부터 하렴. 엄청 걱정하시고 계실 거야.

샘   : (차 안으로 들어가며) 내일 수업 있어요?

레이프: 아니, 주말이잖니.

샘   : 시내에 있는 도서관에 데려다 줄 수 있으세요? 몽고메리에 대
         한 걸 좀 더 읽고 싶어요. 〈패튼 대전차 군단Patton〉이라는 영화
         는 몽고메리에게 불공평한 것 같다고 생각해요.

레이프: 집 근처에 있는 도서관은 어쩌고?

샘   : 거기 있는 책은 다 읽었어요. 시내에 있는 도서관이 더 좋아요.
         그리고 선생님?

레이프: 왜?

샘   : 월요일에 쉴 때 국군묘지에 가는 것도 괜찮을 것 같아요. 거기
         있는 묘지 하나에 깃발을 꽂고 싶어요. 어떻게 생각하세요?

내 얼굴에 미소가 번졌다. 또 하나의 불가사리였다.

감사의 말
꿈을 현실로 바꾼 영웅들

톰 행크스가 출연한 1996년 작 영화 〈댓 씽 유 두That Thing You Do!〉를 보면 펜실베이니아 주 이리 시의 어느 차고에서 연습하던 '원더스'라는 밴드가 갑자기 인기를 끌게 된다. 그들이 텔레비전 방송에서 노래를 부르려고 준비하는데, 기타리스트 레니가 드러머인 가이에게 질문을 던진다. 혜성처럼 등장해 하루아침에 인기 밴드가 된 데 진심으로 어리둥절해 하며 레니는 친구에게 묻는다.

"어쩌다 우리가 이렇게 됐을까?"

지난 밤 56호 교실에서 나는 그 장면을 떠올렸다. 크리스마스 휴일 기간인 화요일에 아이들은 셰익스피어의 《베니스의 상인》을 연습하고 있었다. 학교가 텅 비어 있었지만 아이들은 여덟 시간 동안 행복하게 연습했다. 그날의 하이라이트는 밴 헤일런Van Halen의 '바로 지금Right Now'에 멋진 피아노 리프와 격렬한 기타 솔로를 넣어 연주한 밴드였다. 〈댓 씽 유 두〉에 등장했던 레니와 달리 나는 어떻게 우리가 지금 이 자리에 왔는지 확실히 알고 있고, 그렇기에 영원히 감사할 것이다.

문체보다 내용을 중요하게 여기는 특별한 출판업자 클레어 페라로 덕분에 책을 쓰는 특권을 누리게 되었다. 편집자 웬디 울프와 케빈 도튼은 내가 비틀거릴 때 기운을 북돋았고, 아이들에 대해 내가 아는 한두 가지 지식을 세상에 내보일 수 있게 해주었다. 보니 솔로는 계약상으로는 나의 에이전트지만 실질적으로는 친구와 다름없다. 나는 이 사람들을 모두 신뢰한다. 이들에게 보낼 더 훌륭한 찬사를 생각할 수 없는 것이 안타까울 따름이다.

지금은 30대에 접어들어 가정을 꾸리고 있는 호바트 셰익스피어 연극반의 초창기 학생들은 내가 가르쳐준 것보다 더 많은 가르침을 내게 주었다. 그들은 이 모든 일이 이루어지기 전에 무엇이 가능한지를 보여주었고, 내가 평범함을 멀리하고 계속 도전하도록 격려했다.

이안 맥켈런 경은 내게 믿음을 보낸 첫 번째 사람이다. 내가 가르친 학생들이 성장했을 때 그와 같은 사람이 되기를 바란다. 이안 경을 따르는 모든 후원자에게도 감사를 전한다. 그들은 수많은 아이들에게 무한한 기회를 제공하는 관용을 베풀었다.

내게 감명을 주는 호바트 초등학교 동료 교사들은 최악의 시대에 선을 이루기 위한 싸움을 계속해 나가고 있다. 그런 재능 있는 영웅들과 함께 일하게 되어 영광스럽다. 지난 10여 년 동안 이 동료애는 전 세계 모든 교사들에게 퍼졌다. 여러분이 보낸 편지와 선물, 격려와 지지에 진심으로 감사드린다.

앤디 한, 크레이그 하우스닉, 세라 세거, 댄 키아르팔리아는 나의 꿈을 현실로 탈바꿈시켜 준 예술가들이다. 이들은 셰익스피어 공연이 끝나도 오래도록 남을 빛을 아이들 가슴에 깊이 새겨주었다.

조앤, 프랭크, 엘리자베스, 매트, 인영, 희영, 조애너, 지연, 제프리, 루디, 데이비드, 오스카, 유진, 트레이시, 린다는 나를 거친 수천 명의 학생들을 대표한다. 글로는 표현할 길 없는 마술 같은 교실 문화를 만들어준 너희에게 진 빚은 영원히 갚지 못할 것 같구나. 야구 경기를 관람하고 셰익스피어 축제에 참가하며 음악을 연주하면서 보낸 그 모든 시간이 너희에게 큰 의미였다는 걸 되새겨 주어 고맙다.

예림, 진욱, 오스틴, 제시카, 세자르는 56호 교실의 불이 꺼지지 않게 지키고 있다. 너희와 너희 친구들은 앞으로 계속 56호 교실의 문을 두드릴 또 다른 아이들을 위해 뚜렷한 발자국을 남기고 있단다.

그리고 나의 첫 번째 편집자 바버라. 당신과 함께하는 한 어려운 시기란 있을 수 없소.

아내 바버라를 비롯해 여기에서 말한 특별한 사람들이 모두 내 곁에 있다는 사실에 신께 감사드린다.

아이를 바르게 가르치기가 가장 어렵다

　바쁜 번역 원고를 넘기고 모처럼 짬이 나 몇 달째 얼굴 보길 미뤘던 고등학교 교사 친구를 만났다. 그리고 보니 지난번에 번역한 《에스퀴스 선생님의 위대한 수업》(추수밭, 2008) 옮긴이 후기에서는 초등학교 교사 친구 얘길 꺼냈다. 학창 시절 그리 모범생은 아니었던 듯싶은데, 친구 중에 유난히 교사가 많다 보니 이런 교육적인 내용의 책을 번역하고 나서 후기를 쓰려고 머리를 짜내다 보면 역시나 교사 친구들이 제일 먼저 떠오른다. 한참 이런저런 얘기를 나누며 수다를 떨고 있는데 "메시지가 도착했습니다"라는 익숙한 기계음이 들린다. 친구는 메시지를 쓱 읽어 보더니 휴대전화를 도로 가방에 넣으면서 이렇게 말한다.

　"처음에는 애들 문자에 일일이 정성스럽게 답장을 보내줬는데, 이제는 귀찮다. 이러면 안 되는데."

　친구의 말에 에스퀴스 선생님이 떠올랐다. 그것은 바로 아이들에 대한 그의 변치 않는 관심과 헌신과 희생이었다(절대 친구를 나무라는 게 아니다. 친구는 그저 에스퀴스 선생님 같은 스승을 못 만나 '평범한' 교사가 된 것뿐이니까).

　나 또한 에스퀴스 선생님이 키워내는 그런 훌륭한 사람은 못 되는 것 같다. 《위대한 수업》에서 에스퀴스 선생님이 꼭 보길 권했던 수많은 책과 영화를 번역 원고만 넘기면 몽땅 보리라 다짐하며 하나하나 정성스레 기록해 두었건만, 작심했던 계획을 완전히 실천에 옮기지 못하고 다시 그의 책을 앞에 두고 보니 부끄러운 마음이 앞선다. 바로 나 같은 사람이 되지 말라는 게 에스퀴스 선생님의 가르침이기에……

이 부끄러운 역자에게 또다시 에스퀴스 선생님의 책이 들어오다니, 이건 어쩌면 더 철저하게 반성하라는 의미인지도 모르겠다. 지난번 책에서는 교실 안에서 특별한 아이들을 키우는 방법에 대해 소개했다면, 이번 이야기는 교실 밖에서, 일상생활 속에서, 더 정확히 말하면 야구장에서 보고 듣고 느낀 경험을 통해 남다른 아이를 키우는 방법을 소개하고 있다.

야구 시즌이 돌아오면 연일 좌석이 매진될 만큼 우리나라 사람들도 야구장을 즐겨 찾는다. 사람들이 많이 모이는 장소이다 보니 별별 일들이 다 일어나고 유쾌함보다 불쾌함이 더할 때도 많다. 그래서 야구장 같은 곳에 아이를 데려가지 말아야 한다고 주장하는 사람들도 있지만, 에스퀴스 선생님은 우리가 수없이 겪은 그런 불쾌한 현장을 경험하게 하려고 일부러 어린 학생들을 데리고 간다. 아이들이 듣건 말건 온갖 욕설을 퍼붓는 사람, 경기를 보러 왔는지 술을 마시러 왔는지 알 수 없는 정신 나간 사람, 뒷사람은 아랑곳하지 않고 줄곧 서서 경기를 보는 뻔뻔한 사람, 쓰레기를 아무 데나 버리는 양심 불량의 사람 등 야구장에는 참으로 볼썽사나운 사람들이 적지 않다. 에스퀴스 선생님은 이런 사람들을 만나러 매년 아이들과 야구장을 찾는다. 아이들은 좋은 것을 보고도 배우지만 나쁜 것을 경험하면서 더 값진 교훈을 얻기 때문이다.

야구장에서 야구 경기에 집중하는 것은 경기를 치르는 선수들에 대한 예의다. 야구장에서 우리의 눈살을 찌푸리게 만드는 사람들은 모두 예의를 모르기 때문에 그런 행동을 하는 것이다. 예의란 어찌 보면 나보다 남을 먼저 생각하고 배려하는 것인데, 에스퀴스 선생님이 이 책에서 시종일관 강조하는 점이 바로 나를 버리고 남을 생각하라는 것이다. 겨우 초등학교에 다니는 어린 학생들에게 벌써부터 무거운 부담을 안겨주는 게 아닌가 싶겠지만, 야구장에서 만난 불쾌한 사람들은 어렸을 때 남을 먼저 생각하는 법을 배우지 못했다는 걸 떠올려 보면 남을 배려하는 태도는 우리 아이들에게 꼭 심어주어야 할 가치다.

비단 야구장 문제만이 아닐 것이다. 일상생활에서도 마찬가지고, 더 넓게는 우리가 속해 있는 사회와 국가, 나아가 세계도 마찬가지다. 어릴 때부터 나를 버리고 남을 먼저 생각하는 태도를 익힌다면 세상은 훨씬 살기 좋은 곳이 될 것이다. 하루하루가 즐겁고 따뜻하고 유쾌한 일만 가득한 곳이 될 것이다. 에스퀴스 선생님이 바라는 그런 곳으로 말이다.

오늘날 신문과 텔레비전에서 떠들썩하게 보도되는 수많은 사건·사고도 가만히 들여다보면 에스퀴스 선생님이 그토록 경계하라고 강조하는 '이기심'에서 비롯된 경우가 많다. 하지만 나 자신도 이기심을 버리지 못하는 상황에서 다른 사람에게 이기심을 버리라고 가르치는 것은 결코 쉬운 일이 아니다. 이 힘들고 어렵고 보상 없는(아이들에게 이타심을 가르쳤다고 물질적인 혜택을 얻는 건 아니라는 점에서) 일을 에스퀴스 선생님은 수십 년 동안 묵묵히 해내고 있다. 매년 아이들과 야구 경기를 보러 다니면서 말이다.

제자가 바른 사람으로 성장하고 자녀가 훌륭한 사람으로 자라길 바라는 건 교사나 부모나 다를 바 없다. 하지만 바르고 훌륭한 사람으로 키우는 방법은 누구나 똑같지 않다. 방법을 모르는 교사와 부모도 많다. 바로 이런 교사와 부모를 위해 에스퀴스 선생님은 《머리에 불을 댕겨라》를 통해 방향을 제시하고 있다.

바른 교육에 관심이 있는 사람이라면, 아니 백년대계 교육이라는 거창한 수식어는 접어두고 '바르게 사는 데' 조금이라도 관심이 있는 사람이라면 '밑줄 쫙' 그어야 할 대목이 너무 많은 책이다. 누구든 이 책을 읽으면 스스로를 돌아보고 반성하게 되리라는 점에서, 이쯤에서 자신이 인생을 바르게 살고 있는지 되짚어보고 싶은 사람은 꼭 읽어보길 권한다.

지은이_ 레이프 에스퀴스 Rafe Esquith

미국에서 가장 영향력 있는 교사로 손꼽히는 에스퀴스는 LA에 위치한 호바트 불르바 초등학교의 교사이다. UCLA를 졸업하고 1981년부터 교편을 잡은 그는 지금까지 오랫동안 LA의 빈민가에서 아이들을 가르쳐왔다. 그의 학생들은 90퍼센트가 극빈층이자 영어를 제2의 언어로 배우는 이민가정 출신이다. 그러나 에스퀴스가 길러낸 학생들은 항상 표준화 시험에서 상위 1퍼센트에 들고 있으며, 그의 제자들로 구성된 호바트 셰익스피어 단은 LA의 아맨슨 극장과 런던의 글로브 극장에서 셰익스피어의 희곡 〈한여름밤의 꿈〉을 상연하고 있다. 교사로는 유일하게 국가예술훈장을 받았고, 월트 디즈니 선정 올해의 교사상, 엘리자베스 영국 여왕이 수여하는 대영제국훈장을 받았으며, 페어런츠 잡지의 As You Grow Award, 피플 잡지의 Heroes Among Us Award, 오프라 윈프리의 Use Your Life Award, 달라이라마의 Compassion in Action Award 등을 받았다. 저서로는 《에스퀴스 선생님의 위대한 수업》《지름길은 없다》가 있다. 특히 에스퀴스의 유쾌한 학교 부활 프로젝트를 담은 《에스퀴스 선생님의 위대한 수업》은 뉴욕타임스 선정 베스트셀러가 되는 등 전세계 수많은 교사와 학부모에게 감동을 선사한 바 있다.

옮긴이_ 박인균

건국대학교 영어영문학과를 졸업하고 현재 Lionbridge, SDL, Jonckers 등에서 전문 번역가로 활동하고 있으며, LPT 온라인 번역 교육 사이트(www.lpt.co.kr)를 운영하고 있다. 《에스퀴스 선생님의 위대한 수업》《왜 인간인가?》《가위바위보》《베르메르의 모자》《엄마 미안해》《그래픽으로 보는 9/11 테러 리포트》《최초의 것들》(공역) 등을 우리말로 옮겼다.

아이 머리에 불을 댕겨라

내 아이의 잠재력을 9배로 키우는 9가지 가치 수업

1판 1쇄 발행 2010년 10월 11일
1판 5쇄 발행 2011년 8월 1일

지은이 레이프 에스퀴스
옮긴이 박인균
펴낸이 고영수
펴낸곳 추수밭
등록 제406-2006-00061호(2005.11.11)
주소 135-816 서울시 강남구 논현동 63번지
        413-756 경기도 파주시 교하읍 문발리 파주출판도시 518-6번지 청림아트스페이스
전화 02)546-4341
팩스 02)546-8053

www.chungrim.com
cr2@chungrim.com

ISBN 978-89-92355-62-9 03370